# TIDEAS Y TRUCOS

## PARA CONOCER LOS VINOS

*IDEAS Y TRUCOS*

1. Para el hogar
2. Para comportarse socialmente
3. Para hablar en público
4. De belleza
5. Para preparar cócteles
6. Para elegir el nombre del bebé
7. Para educar hijos felices
8. Para la cocina
9. Para negociar
10. Para conocer datos útiles
11. Para mejorar su vida sexual
12. Para balcones, terrazas y jardines
13. Para el cuidado de animales de compañía
14. Para la futura mamá
15. Para estudiar y superar exámenes
16. Para escribir correctamente
17. Para estar siempre joven
18. Para aprender a dibujar
19. Para primeros auxilios
20. Para diseñar, cortar y coser
21. Para divertir a los niños
22. Para conocer los vinos
23. Para tener carisma y magnetismo personal
24. Para vivir al aire libre

*Victor André*

# TIDEAS Y TRUCOS

## PARA CONOCER LOS VINOS

Victor

Si usted desea que le mantengamos informado de nuestras publicaciones, sólo tiene que remitirnos su nombre y dirección, indicando qué temas le interesan, y gustosamente complaceremos su petición.

Ediciones RobinBook
Información Bibliográfica
Aptdo. 94.085 - 08080 Barcelona
E-Mail: Robinbook@abadia.com

Versión española de Niké Arts.


Diseño cubierta: Regina Richling.
Fotografía: CD Gallery S. L.
ISBN: 84-7927-265-1.
Depósito legal: B-44.239-1997.
Impreso por Romanyà Valls, Pça. Verdaguer, 1,
08786 Capellades.



Impreso en España - *Printed in Spain*

# 1. HISTORIA DEL VINO

El vino está ligado al hombre desde muy antiguo. En **Asia Menor,** en las regiones cercanas al mar Caspio y al mar Negro, aparecen vestigios de viñas de unos 12.000 años a.C.

Establecer el origen del vino es una tarea muy difícil, pero sí puede rastrearse su historia a través de las diferentes civilizaciones.

En **China** conocían el vino y, de hecho, en el año 2285 a.C. ya habían establecido una reglamentación para evitar «adulteraciones»; se contemplaban serios castigos para quienes mezclaran vino de uva con vino de arroz.

Los relieves de Ur y el código de Hammurabi de la **cultura mesopotámica** y las pinturas y papiros de **Egipto** incluían el vino como un producto de uso cotidiano. Incluso en el Antiguo Testamento abundan las menciones del vino.

Los griegos también contribuyeron a su evolución, ya que sus métodos eran mejores. El dios griego del vino, Dionisos, se convirtió en Roma en Baco. Los romanos, que sometían sus vinos a curiosas y hasta poco atractivas o incluso peligrosas técnicas de conservación, apreciaron sin embargo los vinos de las Galias, Hispania y del resto de Europa y del norte de África. No sólo exportaron los vinos, sino que también adoptaron las técnicas.

## España

La producción total española de vinos es la tercera del mundo, detrás de Italia y Francia. España produce anualmente unos 2.500 millones de hectolitros.

España es tierra de viñedos y vinos. La península Ibérica fue uno de los primeros enclaves en el occidente europeo de la antigüedad.

En el siglo XVI, los ingleses empezaron a importar vinos españoles, y en el siglo XVII, los caldos jerezanos.

En la capital del Imperio Romano ya eran apreciados los vinos de Córdoba. A partir de aquí, todo se encamina a perfeccionar y diversificar los vinos españoles: los monjes cistercienses perfeccionaron formas de cultivo y métodos de vinificación en la Cataluña del primer milenio, y la pasión que despertaron los caldos españoles contribuyó a que evolucionaran.

Sin embargo, salvo el Málaga, el Jerez y algunas excepciones más, la verdadera historia de los vinos de España empieza con el siglo XX, cuando se han empezado a aplicar los métodos más adecuados para conseguir vinos de calidad.

# 2. DE LA VIÑA A LA MESA

## EL CLIMA Y EL SUELO

La viticultura es el arte y la técnica de cultivar la vid. La vid fue uno de los primeros cultivos implantados por el hombre cuando se convirtió en agricultor hace unos 10.000 años.

La vid es una liana de la familia de las vitáceas, que agrupa unas 600 especies. De todas ellas, las únicas especies valoradas por el hombre son las del género *Vitis*, y de éstas, sólo se cultivan las variedades de la especie *vinifera*, que es la que proporciona los frutos con sabor agradable.

### *El clima*

Las diferencias climáticas influyen decisivamente en la calidad del fruto. Aunque algunas variedades de uva soportan mejor las bajas temperaturas, para que un vino **no sea áspero ni ácido** es necesario que las temperaturas no bajen con frecuencia de los 0 ºC y que las medias del verano superen los 18 ºC.

España es un territorio excepcionalmente bueno para el cultivo de la vid debido a sus condiciones de longitud, latitud, elevación media del terreno, pluviosidad y radiación solar.

Las zonas en las que se elaboran buenos vinos suelen tener en común un **clima cálido, sin grandes extremos,** pero con variaciones que se atemperan por agentes determinados que convierten sus vinos en lo que son: los lagos Ontario y Erie, en la frontera de Canadá y Estados Unidos, suavizan el clima de la zona; la corriente antártica de Benguela suaviza el frente del cabo Oeste y refresca Sudáfrica; la corriente del Golfo calienta la costa oeste de Francia y hace posible el cultivo de la vid...

## *El suelo*

La vid es capaz de fructificar en los terrenos más pobres y pedregosos y, de hecho, no existe un suelo que se considere el ideal para su cultivo; cada suelo otorga unas características diferentes y peculiares a los vinos, dependiendo también de las uvas que se utilicen en su elaboración: los suelos pedregosos producen vinos más ligeros y perfumados; los suelos ricos dan lugar a vinos más sólidos; los suelos alcalinos producen vinos con una elevada acidez; el suelo arcilloso reduce el buqué, pero confiere estructura al vino...

Cada tipo de uva se adecua mejor a un determinado clima y suelo.

### *Orientación de los cultivos*

Las **laderas o terrenos alomados** son los más apropiados para plantar las viñas. La razón es que evitan el exceso de humedad, principal enemigo de la vid. La pendiente facilita el drenaje y permite una mejor aireación. La mejor orientación es hacia el sur y el sudoeste.

## VARIEDADES DE UVA AUTÓCTONAS

### *Blancas*

- **Garnacha.** Es típica de las comarcas de la Terra Alta, Alella, Navarra y la Rioja. El racimo es pequeño y compacto, y la uva dorada, cuando está madura, es redonda y de tamaño medio. Da vinos poco ácidos, pero de mucha graduación (12 a 14 ºC) y de paladar suave.
- **Macabeo** (Viura, Alcañol). Se cultiva en el Penedès, Tarragona, en la Conca de Barberà y en La Rioja. Su racimo es grande y muy compacto, y las uvas, grandes, redondas y de piel fina. Da un vino afrutado, ligero y equilibrado de moderada graduación. Se usa para vinos finos secos de mesa y para cava.
- **Parellada** (Masià). Se cultiva en el Penedès y Anoia. Se extiende también a otras tierras catalanas y a otras regiones vinícolas del Duero y Andalucía. El racimo es grande y compacto, y las uvas, irregulares, grandes y de piel gruesa. Dan vinos de poca graduación, afrutados, frescos y jóvenes. Se usan en la elaboración del cava.

- **Xarel.lo** (Pansal, Viñate). Es típica del Penedès, pero se extiende a las zonas costeras catalanas y a Cantabria, el Duero, Galicia y Aragón. Su racimo es mediano y no muy compacto, y los granos, redondos, grandes y de piel gruesa. Da un vino consistente, equilibrado y ligeramente ácido, ideal para cava.

### *Tintas*

- **Cariñena** (Mazuela). Se cultiva en Tarragona, Priorat, la Rioja y Campo de Cariñena. El racimo es mediano, compacto y en forma cónica, y la uva, redonda. Da un vino con cuerpo y buena graduación alcohólica que confiere color a las mezclas.
- **Garnacha peluda.** Se cultiva en el Piorat, Falset y Ribera d'Ebre. El racimo es pequeño y muy compacto, y la uva, ovoide. Da un vino de gran calidad, de poco color y alta graduación.
- **Garnacha tinta**. Se cultiva en el Priorat, Cariñena y la Rioja. El racimo es pequeño y muy compacto, y la uva, mediana y redonda. Da vinos aromáticos, finos, de poca acidez y alta graduación.
- **Monastrell** (Ministral, Churret). Se da en Alicante, Murcia, Penedès, Valencia, Rioja Baja y Aragón. El racimo es medio y poco compacto, y las uvas, pequeñas y redondas. Los vinos poseen cuerpo, color y una buena graduación alcohólica.
- **Tempranillo** (Ull de llebre). Se cultiva en La Mancha, Rioja y Cataluña. El racimo es de tamaño medio y alargado, y la uva, redonda. Da un vino equilibrado, de color

estable, aunque poco intenso. Gran parte de las denominaciones de origen de España (Rioja, Duero, Valdepeñas...) proceden de esta variedad.

## VARIEDADES DE UVA COSMOPOLITAS

Hay variedades que, por su excepcional calidad y aceptación en el mercado, se han extendido por muchas regiones vitícolas del mundo.

### *Blancas*

- **Chardonnay** (Pinot, Melon Blanc). Es originaria de Francia, pero también se cultiva en España, México, Sudáfrica, Australia, Nueva Zelanda, Chile y Argentina. Produce vinos aromáticos, equilibrados, secos y de buena graduación. Tiene una gran capacidad de adaptación y puede formar parte de vinos luminosos y secos, hasta vinos dulces para acompañar postres.
- **Colombard** (French Colombard). Se cultiva en Francia y México. Sus caldos se destinan a la obtención de destilados como el cognac o el armagnac.
- **Folle Blanc.** Variedad francesa para la producción de cognac. También se cultiva en México.
- **Riesling.** Se cultiva en Francia, Alemania, Italia, México, Chile y Argentina. Es originaria del Rhin. Tiene una gran calidad y aroma, y da vinos afrutados e intensos. Puede producir vinos elegantes, delicados y aristocráticos, o vinos dulces con una gran intensidad. Los

mejores vinos con esta uva son de las zonas del Rhin y Mosela.

- **Sauvignon Blanc.** Es originaria de Francia, pero ha alcanzado su verdadera expresión en Nueva Zelanda, donde produce vinos secos fuertes y agresivos, intensos, exóticos y afilados. Se cultiva en toda Europa y en muchos países de América.

### *Tintas*

- **Cabernet Sauvignon** (vidure, burdeos tinto). Se cultiva en Francia (de donde es oriunda), España, México y Argentina. Los vinos son de excelente calidad, buena graduación y color. Son astringentes de jóvenes, y finos después de la crianza.
- **Merlot.** Es originaria de Burdeos. Se da en el Duero, Cataluña y Navarra, y también en Hungría, Chile, California, Washington, México y Nueva Zelanda. Es el principal componente de los tintos St. Émilion y Pomerol. Da vinos de una gran calidad y con una marcada personalidad y buen grado alcohólico. Es la compañera natural de la variedad cabernet.
- **Pinot Noir.** Variedad francesa de la región de Borgoña, que se encuentra también en México, Argentina y California. Es apta para la crianza y da vinos fragantes y sedosos, aunque un poco salvajes.

La recolección de la uva y su transporte a la bodega son decisivos en la obtención de un vino. **Retrasar o adelantar la vendimia** una semana puede significar la obtención de vinos de características muy diferentes, ya que en los últimos días de maduración las uvas cambian rápidamente: dentro de la uva disminuye el contenido de ácidos y aumenta el de azúcares, y en la piel aumenta la materia colorante.

En estos días cesan los intercambios químicos entre las uvas y la planta y se llega al punto máximo de maduración. A partir de ese momento, los granos empiezan a marchitarse si el tiempo es seco y a pudrirse si es húmedo. En el período de sobremaduración, si el año es seco y caluroso, el azúcar aumenta, mientras que se queman los ácidos y aromas; en años fríos, soleados y secos, se concentran todos los componentes.

**Adelantar la vendimia** dota a los vinos de acidez y viveza, mientras que **atrasarla** les proporciona cuerpo y potencia. Así, para los espumosos y para los vinos base de la destilación del brandy es recomendable una vendimia relativamente ácida, y para los vinos licorosos es mejor efectuar la vendimia durante la sobremaduración.

## *La maduración*

En pocos días, las uvas muestran una serie de cambios cuantitativos:

- Aumento de peso por la acumulación de agua.

- Aumento de concentración de azúcares.
- Disminución de la acidez por dilución y respiración, especialmente del ácido málico.
- Aumento de polifenoles.
- Aumento del contenido en aromas.

El enólogo dispone de diversos índices de madurez para cuantificar el grado de maduración de la cosecha.

### *La recolección*

Además del momento en que se efectúa la vendimia, son también decisivas las **condiciones** en que se lleva a cabo.

Para que una vendimia sea apta para su transformación en vino de calidad, la proporción de uvas podridas, secas y afectadas de infecciones fúngicas debe ser muy baja o nula.

Las uvas deben recogerse con cuidado y transportarse de forma que no se aplasten. Es importante controlar que no haya hojas, sarmientos ni otras materias extrañas.

Las uvas deben llegar a la bodega **aireadas, frescas y enteras**. Debe evitarse, por tanto, que se recalienten y se tienen que transportar en cestos tipo «Hotte» franceses o en canastos españoles.

## Operaciones básicas

Para obtener un vino de una calidad aceptable, ya sea blanco, tinto o rosado, se deben llevar a cabo una serie de operaciones comunes.

Después de la recolección, que debe hacerse de la forma más rápida e higiénica posible, la uva es recibida en la bodega. Para evitar que el tiempo de espera se alargue, el volumen de absorción de la bodega ha de ser superior al de recogida de la uva. Se deben realizar la menor cantidad de trasvases posibles.

## *Tratamientos mecánicos*

La uva se trasvasa a una tolva de recepción, un recipiente en cuyo fondo se halla un tornillo de Arquímedes que gira lentamente y actúa de dosificador para las operaciones siguientes.

El **estrujado** rompe los granos para liberar el mosto, respetando la integridad de pepitas y raspones. En esta operación se derrama el primer zumo de la uva. El aire entra en contacto con las partes internas del fruto, y el mosto, con las levaduras adheridas a la piel.

En el **desrapado** se separa el raspón del racimo (parte leñosa) de los granos de uva. Con el desrapado se obtienen vinos de mayor graduación y color.

Casi todas las uvas se prensan y se les quita el pedúnculo antes de la fermentación. Los pedúnculos contienen más tanino amargo del deseable, pero algunos viticultores añaden un porcentaje de los pedúnculos en la tina de fermentación para aumentar la cantidad de tanino.

El **prensado** separa la fase líquida de la sólida. En la vinificación en blanco se efectúa en la pasta desrapada, y en la vinificación en tinto, en la pasta ya fermentada.

### *Tratamientos bioacondicionadores*

Estas operaciones mejoran el estado biológico del mosto para propiciar la fermentación. Se añade **dióxido de azufre**, que actúa de antiséptico y antioxidante.

### *Tratamientos correctores*

El mosto se analiza para determinar si sus características son adecuadas. En algunos casos se deben efectuar algunas de las siguientes correcciones:

- Aumentar el azúcar del mosto.
- Disminuir la acidez.
- Evitar que la uva se estropee si hay presencia de bacterias acéticas o de enzimas oxidantes.

Estas correcciones se pueden efectuar por métodos químicos o biológicos.

## ETAPA FERMENTATIVA

La fermentación es la transformación más importante que sufre el mosto en su proceso de convertirse en vino. Los vinos blancos son fermentados sin su piel.

Durante este proceso, **el mosto cambia de composición**. De ser un líquido en el que predominan los azúcares pasa a ser otro en el cual existe mayor cantidad de etanol. Asimismo, cambian el aroma y el sabor.

El mosto fermenta por la acción de las levaduras (*Saccharomices*) que la uva lleva adheridas a la piel. Conviene realizar un sembrado de levaduras específicas para que la fermentación sea completa y uniforme.

Durante la **primera fermentación**, llamada tumultuosa, el mosto empieza a hervir y a bailotear ruidosamente.

La fermentación genera calor, por lo que el vino se debe refrigerar para que su temperatura no ascienda. Las cubas de acero inoxidable refrigeradas por duchas externas son el método más efectivo.

Los vinos blancos deben fermentar de 14 a 18 ºC, y los vinos tintos, de 25 a 28 ºC.

### *Etapa posfermentativa*

Después de los cambios ocurridos en el mosto por el proceso fermentativo, hay que someterlo a una serie de operaciones que permitan **estabilizar los componentes** para que alcancen un equilibrio tanto físico como biológico.

Tras la etapa fermentativa todavía quedan cantidades apreciables de azúcar en el vino que se metabolizan en la **fermentación lenta.** Es necesario que este proceso no se detenga porque, de lo contrario, alguna infección bacteriana podría aprovechar los restos de azúcar. La forma de realizar este paso varía según el tipo de vinificación. Una vez terminada la fermentación lenta se cierra el tanque herméticamente.

El vino así obtenido debe corregirse para equilibrar su composición organoléptica y para evitar alteraciones fisicoquímicas y biológicas. Así, se puede reducir la concentración de etanol mezclando vinos de diferente graduación, corregir la falta de acidez de un vino añadiendo ácido tartárico o paliar su exceso de acidez mediante la fermentación maloláctica.

Unos diez días después de que se paralicen los procesos fermentativos se debe realizar el **trasiego**, que es la separación del líquido clarificado y del que contiene las borras.

Los métodos más corrientes para la **clarificación del vino** son la filtración o la adición de floculantes (gelatinas, albúmina, agar-agar, caolín...), que producen un efecto de arrastre sobre las partículas en suspensión.

## VINIFICACIÓN EN TINTO

En la vinificación en tinto se mantienen en contacto las partes sólidas de la uva con el mosto en fermentación. A medida que progresa la fermentación, el color pasa de las pieles al mosto de uva.

### *Maceración*

Una vez estrujada y desrapada, la uva se encuba. Después del reposo se separan dos fases, debido a la presión del carbónico desprendido:

- El **mosto de escurrido**, que se produce en las operaciones mecánicas.
- Las **partes sólidas,** que se agrupan en la superficie.

Características del vino como color, cuerpo, aromas y su capacidad para envejecer dependen del tiempo que dure la maceración y la temperatura a la que se realice.

Existen técnicas de maceración que aprovechan la influencia de la temperatura, como la termovinificación y la maceración en caliente, y otras técnicas que se producen por procesos bioquímicos, como la maceración carbónica:

- **Termovinificación.** Se calienta la vendimia a 70 ºC durante unos minutos, se separa la fase sólida y se fermenta el líquido resultante. Aunque la transferencia de materias es elevada, no es selectiva y este método no produce vinos de gran calidad.
- **Maceración en caliente**. Una vez ha finalizado la fermentación, se calienta el encubado a 50 ºC y se separan ambas fases.
- **Maceración carbónica**. La vendimia, sin estrujar ni desrapar, se encuba en un tanque hermético de 8 a 12 días, procurando mantener íntegros los granos. Las uvas enteras fermentan debido a la acción del mosto de los granos que se han aplastado accidentalmente, y reaccionan con una fermentación intracelular que produce una cierta cantidad de etanol, aromas característicos y descomposición de ácido málico, la cual aumenta el pH.

## *Fermentación*

Se realiza simultáneamente con la maceración. Las uvas estrujadas y desrapadas o sometidas a la maceración carbónica se someten ahora a una fermentación con remontado.

Es la operación tradicionalmente conocida como **bozuqueo**. Actualmente se rocía el sólido, desde la parte superior, con un líquido a cierta presión. Esta operación se llama **remontado**.

En ese momento se separa el líquido fermentado (vino flor) de las partes sólidas. Este proceso es el **descubado.** El vino flor se somete a la fermentación maloláctica para corregir su acidez. Otra variedad de vinificación en tinto consiste en prensar los sólidos después de la fermentación. Constituye el vino de prensa, cuya calidad es inversamente proporcional a la presión necesaria para su obtención. El vino de prensa se mezcla con el vino flor para aumentar su cuerpo y se sigue el proceso: la fermentación maloláctica y el resto de operaciones comunes.

## Vinificación en rosado

Es posible elaborar vino rosado mediante la mezcla de vino tinto y vino blanco, aunque en la Unión Europea (UE) el único rosado que se permite elaborar de esta manera es el champaña. La UE sólo permite la mezcla de uvas blancas y tintas para obtener vinos rosados, pero no la mezcla de vinos blancos y tintos, ni la de mostos procedentes de uvas blancas y tintas.

El resultado de mezclar uvas tintas y blancas y de seguir el proceso de vinificación de los tintos es el **vino clarete**. El **vino rosado** se obtiene de la uva tinta vinificada como el vino blanco, después de una breve maceración con el hollejo. Con esta breve maceración se obtiene una disolución controlada y limitada de materias tánicas y colorantes de las partes sólidas en el mosto, lo que permite conseguir la tonalidad rosada característica.

Los vinos rosados son poco astringentes y conservan los atributos de frescor y juventud propios de los vinos blancos.

## *Proceso*

Si se aplica una vinificación en blanco estricta se obtienen los vinos grises, que adquieren una pequeña cantidad de materias durante las operaciones mecánicas de la fase prefermentativa; son vinos ligeramente coloreados, más ácidos que los rosados, pero menos astringentes.

La **maceración**, que debe ser breve (unas 12 horas), y el **sangrado del depósito** (separación de la fracción líquida), más la vinificación en blanco del mosto obtenido, permiten obtener los vinos rosados.

El color y la astringencia de los vinos rosados son más cercanos a los tintos, pero las cualidades sensoriales son propias de los blancos.

## *Vinificaciones especiales*

Aparte del cava, que es objeto de una decisiva segunda fermentación (véanse los capítulos dedicados al cava), existen otras excepciones.

A los **vinos generosos** se les añade alcohol vínico (encabezamiento). Aunque hoy día el objetivo es conseguir vinos diferenciados, el origen del encabezamiento radica en la necesidad de evitar el deterioro durante largos viajes y de satisfacer el gusto de los ingleses, a quienes entusiasmaban los vinos de alta graduación.

Los **vinos encabezados** se han reforzado con la adición de alcohol en forma de un licor neutro de alta graduación o de brandy durante la fermentación. Se elabora de este modo el **oporto**. En el caso del **jerez**, que es seco de forma natural, se añade brandy una vez finalizada la fermentación. También en el **madeira** se permite finalizar la fermentación antes del encabezado.

Los **finos** son criados bajo velo de flor, lo cual aísla el líquido del aire y permite conservar la palidez.

## VINIFICACIÓN EN BLANCO

Los vinos blancos son fermentados sin su piel. Primero se prensan las uvas y se desechan las pieles. El prensado debe ser suave para que los sabores sean elegantes y no se liberen componentes amargos y bastos de la piel.

Es necesario respetar la integridad de la uva y reducir la maceración. Las operaciones prefermentativas deben realizarse con cierta rapidez para evitar que el mosto permanezca demasiado tiempo en contacto con las partes sólidas de la uva.

### *Escurrido*

El **mosto flor** es el que fluye de la vendimia estrujada sin aplicar presión mecánica alguna, simplemente por el propio peso. El **escurrido estático** se produce por acción de la gravedad y el mosto se separa por decantación. Forma pocos fangos y significa el 50 % del mosto total.

El **escurrido dinámico** consiste en remover la vendimia con un escurridor para acelerar la operación. Puede representar el 75 % del mosto total.

El resto del mosto se obtiene prensando, de forma poco intensa, las uvas.

### *Desfangado*

Es otra de las operaciones diferenciales de la vinificación en blanco. Con este proceso se eliminan las partículas sólidas que contienen los mostos. Puede realizarse por **asentamiento**, **centrifugado** o **filtración**. El mosto debe estar lo más claro y limpio posible.

### *Fermentación y operaciones finales*

Si el desfangado ha sido intenso, la fermentación deberá propiciarse mediante **levaduras**. La temperatura de fermentación debe ser de 18 ºC.

Los vinos blancos no deben efectuar la fermentación maloláctica. Excepto en algunas variedades de uva, como Chardonnay o Sauvignon Blanc, que ganan complejidad, esta fermentación se reprime mediante la adición de sulfuroso o filtración.

Para eliminar posos y airear el vino se efectúa el **trasiego.** En esta operación, el vino se mezcla, se afina (utilizando albúmina u otras sustancias) y se estabiliza.

Excepto los vinos más finos, los vinos blancos pasan

por un filtro de membrana con la finalidad de retener levaduras y bacterias.

El vino así obtenido se embotella y ya está listo para el consumo. El vino blanco no sometido a crianza debe consumirse dentro del mismo año en que se ha embotellado.

## Crianza y envejecimiento

La crianza sirve para que los vinos evolucionen. En este proceso se mantiene el vino **en contacto con madera** para que extraiga de ella sustancias que enriquezcan su sabor.

Es un proceso largo y delicado que convierte el vino original, que forzosamente tiene que ser de calidad, en un vino en el que desaparece el aroma primario y surgen los secundarios y terciarios. El aroma se convierte en buqué.

El **buqué** de un vino depende de muchas y sutiles reacciones, y de factores tan diversos como la naturaleza del vino, la añada, los tratamientos que se le han dado, la variedad de uva...

La forma más usual es conservar el vino en **barricas**. En ellas, el vino adquiere un color más estable, el aroma se vuelve más complejo y adquiere notas de vainilla, especias y pan tostado, entre otras, además de una mayor carga tánica, lo que favorece su crianza en botella.

### *Envejecimiento*

Durante la historia del vino se han utilizado muchas maderas para elaborar las barricas: castaño, cerezo, acacia...

Actualmente se considera el **roble** como la madera más noble para la crianza.

El envejecimiento se produce por oxidación: el oxígeno permite que el vino pierda sus características de juventud, como astringencia, dureza, colores morados, matices herbáceos...

El vino mejora también en la **cava**, ya embotellado, donde surgen las sutilezas del buqué mediante la **«reducción»:** el vino, aislado del contacto del aire en botellas herméticas, pierde oxígeno al estar cerrado y va adquiriendo su verdadera personalidad (aromático, rico y profundo, aterciopelado, intenso y largo, etc.).

La barrica más utilizada es la bordalesa, con capacidad para 225 litros. La permanencia mínima en barrica es de dos años. Si el envejecimiento es mixto, el tiempo mínimo que deberá permanecer en barrica será de un año y pasará el segundo año en botella de vidrio.

## *Vinos de reserva y gran reserva*

- **Vinos de reserva.** Son los vinos de calidad y crianza con un mínimo de un año en barrica y dos años en botella (tintos), o un mínimo de seis meses en barrica y 18 meses en botella (blancos y rosados).
- **Vinos de gran reserva.** Contabilizan dos años en barrica y tres años en botella (tintos), o seis meses en barrica y tres años y medio en botella (blancos y rosados).

Para los vinos de Rioja reserva y gran reserva, la permanencia en barrica es de un año más.

La **botella de vidrio** es el envase que se ha acabado asociando indisolublemente al vino. El vidrio permite que el vino se siga desarrollando y que se conserve sin añadirle ningún sabor extraño. El **tetra brik**, a pesar de su aspecto no muy elegante, es muy apropiado para contener vino: es hermético al aire y a la luz, y no transmite sabor alguno ni afecta a su estabilidad.

Hasta que se utilizó la botella de vidrio, para la conservación y el envejecimiento de los vinos de calidad se usaban odres, ánforas selladas, pellejos, barricas, etc. El cometido de la botella se limitaba únicamente a contener el vino en el momento de servirlo en la mesa.

## *Tipos de botellas*

- **Bordelesa.** Se caracteriza por sus hombros robustos y cuadrados, que facilitan el almacenaje. El cuerpo y el cuello, cilíndricos, se unen de forma abrupta. Es poco esbelta. Se usa para vinos tintos, en especial reservas, y constituye la botella clásica de los vinos cabernet. 75 cl de capacidad, 279 mm de altura y 76,5 mm de diámetro.
- **Borgoñesa.** Cuerpo y cuello cilíndricos unidos por un cono de tramo corto. Tiene una cúpula en su base que facilita la recogida de los sedimentos. Es más esbelta y armoniosa que la bordelesa y, por ello, más elegante. En Borgoña se utiliza para todo tipo de vinos. 75 cl de capacidad, altura de 287 mm y diámetro de 80,5 mm.

- **Rhin.** Proviene de Alsacia y Alemania. En España se usa para el embotellado de vinos blancos, rosados y algunos generosos. Es una botella muy esbelta, alta y estrecha, con hombros en pendiente muy pronunciada. 75 cl de capacidad, 350 mm de altura y 76 mm de diámetro.
- **Cava o champán.** Cuerpo cilíndrico unido al gollete por un cono medio. El fondo tiene una acusada forma de embudo y el cristal es grueso. 75 cl de capacidad, 300 mm de altura y 88,4 mm de diámetro.
- **Jerezana o montillana**. Se usa tradicionalmente en los vinos generosos andaluces; es un poco más baja que la bordelesa y con un cristal muy oscuro.
- **Oporto.** Se usa casi exclusivamente en los vinos de Oporto, es de mayor diámetro que la bordelesa y su cuello presenta una forma bulbosa.

### *Tamaño*

La capacidad normal es de 75 cl; sin embargo, existen botellas de gran formato:

- **Magnum**, 150 cl.
- **Jeroboam**, 300 cl.
- **Rehoboam**, 450 cl.
- **Mathusalem**, 600 cl.
- **Salmanazar**, 900 cl.
- **Balthazar**, 1200 cl.
- **Nabbucodonosor**, 1500 cl.
- **Salomon**, 1800 cl.

## El cierre

La corteza del alcornoque es imprescindible para que el vino llegue en perfectas condiciones a la mesa. De hecho, hasta que los **tapones de corcho** permitieron garantizar el aislamiento del vino dentro de la botella, éste no pudo comercializarse en condiciones.

Los alcornoques se desarrollan de manera espontánea en las zonas ribereñas del Mediterráneo. Actualmente se explotan alcornocales en España, Portugal, Francia e Italia.

La producción de corcho es extremadamente lenta. La corteza crece al principio 1,5 mm al año, y 1 mm en años posteriores, y la primera extracción se realiza cuando el árbol tiene ya 30 años. Se pueden realizar nuevas extracciones cada nueve años hasta que el árbol alcanza los 150 años y termina su ciclo productivo.

### *Cualidades*

El corcho es un excelente sellador, con las siguientes propiedades:

- **Flexibilidad** para adaptarse al cuello de la botella.
- **Elasticidad** para recuperar su forma y actuar como cierre.
- **Adherencia** para que no resbale y se desplace.
- **Inalterabilidad**, porque aunque es de origen vegetal no constituye un producto vivo, por lo que no se degrada.
- **Hermeticidad**, impenetrable por líquidos y gases.

Bordelesa

Borgoña

Jerezana

Oporto

Champagne

Rhin

## *Tipos de tapones*

El **tapón de corcho natural** se usa en las botellas de vino tranquilo, mientras que el tapón aglomerado (que se elabora mezclando granulado de corcho de diversas calidades) se emplea en el cierre de botellas de espumoso. Este tapón en forma de cilindro cuenta, en un extremo, con dos o tres discos de corcho natural que son los que permanecerán en contacto con el líquido.

Los tapones de vinos tranquilos conservan su forma inicial a lo largo de su período de taponado y mantienen su aspecto cilíndrico una vez descorchados, mientras que los tapones de vinos espumosos adquieren una característica forma de hongo debido a la presión.

La forma que adquieren después del descorche indica posibles defectos del corcho o del líquido:

- La forma de **bota** indica que la botella ha estado en posición incorrecta (horizontal).
- La forma de **campana** significa que el corcho es de baja calidad.
- La forma de **clavo**, que el corcho es de baja calidad o ha estado en contacto con el líquido.

El corcho se protege por medio de una **cápsula** en forma de funda alojada en la parte superior del cuello de la botella. Suele ser de plomo, estaño o plástico. Debe retirarse cuidadosamente antes de servirse el vino.

## Etiquetaje

La etiqueta sirve para identificar un vino y conocerlo antes de descorchar la botella. En ella consta la **información técnica, legal y publicitaria** que el consumidor necesita para identificar el contenido de la botella.

### *Tipos de etiqueta*

La botella lleva una **etiqueta principal** que se sitúa en la parte cilíndrica del cuerpo de la botella. Debe contener los siguientes datos:

- Nombre, número de registro y dirección del embotellador.
- Número de registro sanitario.
- Contenido en centilitros y graduación alcohólica volumétrica.
- Nombre de la denominación de origen o de la denominación «vino de mesa».
- Nombre del país de origen si se destina a exportación.

Según la reglamentación de la UE no es obligatorio que conste el nombre comercial de la empresa o bodega o la marca registrada del vino, aunque suelen estar bien visibles.

Puede constar el color del vino, el año de vendimia, las variedades de uva, el modo de elaboración, distinciones y premios obtenidos, y el número de botella.

Asimismo, las botellas suelen llevar una **contraetiqueta** en la que constan los consejos al consumidor y la información complementaria: datos históricos, uvas utilizadas, origen y localización de los viñedos, referencias generales sobre el proceso de elaboración seguido, características sensoriales apreciadas en la cata...

El **collarín** es la etiqueta que se coloca en la parte inferior del cuello de la botella. Suele utilizarse para destacar el año de la cosecha o de la fundación de la bodega.

### *Normas para el etiquetado de espumosos*

Las etiquetas de cava deben llevar, además de las indicaciones que rigen para los vinos tranquilos, la inscripción «cava» de forma destacada. Es preceptiva la inclusión de una **marca comercial** inscrita en el Registro de la Propiedad Industrial.

Los **tapones de cava** deben llevar impresa la palabra «cava» y el número de registro del embotellador en la parte que permanece en contacto con el vino.

Ya no son de obligada inclusión el código de identificación de los cavas (estrella de cuatro puntas) ni de los demás tipos de vinos espumosos (triángulo, círculo).

## CLASIFICACIÓN DE VINOS

España cuenta con una tradición milenaria en materia de vinos y una gran variedad de suelos y climas que han propiciado una **extensa gama** de vinos. Para proteger la personalidad y calidad de ellos existen las Denominaciones de Origen (DO).

## *Los VCPRD*

Son los Vinos de Calidad Producidos en una Región Determinada. Pertenecen a este grupo los vinos amparados por una DO. Estos vinos deben llevar en la botella el sello o logotipo que identifique a su DO.

Dentro de este tipo de vinos de calidad cabe distinguir dos subgrupos:

- **Licores:** VLCPRD.
- **Espumosos:** VECPRD.

La categoría **Denominación de Origen Calificada (DOC)** se reserva a vinos que cuentan con una larga tradición de calidad.

La normativa comunitaria especifica que se clasificarán como **Vinos de Mesa** todos aquellos que no sean reconocidos y clasificados como VCPRD.

## *Vinos de mesa*

- **Vino de la Tierra (VdlT).** Vino de una región demarcada que todavía no tiene DO, pero posee un carácter propio identificable con su región.
- **Vino Comarcal (VC).** Categoría de calidad inferior a la anterior. Existen unas 28 zonas, sin grandes pretensiones de calidad.
- **Vino de Mesa (VdM).** Se trata de vino elaborado a partir de uvas de viñedos no clasificados o de mezclas de diferentes regiones.

### *Calidad*

Un vino de calidad debe tener una serie de características:

- No presentar ningún defecto muy acusado.
- Tener personalidad.
- No haber sido objeto de manipulaciones extrañas.
- Presentar unas mínimas características positivas, como aromas, aspecto agradable, gusto franco....

La cualidad determinante de un buen vino es la **armonía:** el equilibrio entre las diferentes sustancias aromáticas, entre gustos dulces y agradables y sabores ácidos, entre el cuerpo y la finura...

Un vino de calidad es una compleja suma de muchas cualidades y características que construyen un todo que evoluciona constantemente. Un vino cambia en las barricas, en las botellas y, también, en el olfato y en el paladar de quien lo degusta, liberando poco a poco todas sus sutiles armonías y matices.

## Denominaciones de Origen en España

En la actualidad existen 40 zonas vinícolas que gozan de la Denominación de Origen y una Región Delimitada de Producción: el cava.

*Andalucía*

- **Condado de Huelva:** blancos secos de poca graduación.
- **Jerez-Xéres-Sherry y Manzanilla-Sanlúcar de Barrameda:** finos.
- **Málaga:** vinos dulces.
- **Montilla-Moriles:** olorosos.

*Aragón*

- **Calatayud:** vinos tintos, blancos y rosados.
- **Campo de Borja:** tintos y rosados.
- **Cariñena:** vinos jóvenes.
- **Somontano:** tintos y rosados.

*Baleares*

- **Binissalem:** tintos, rosados y blancos.

*Canarias*

- **Tacoronte-Acentejo:** vinos jóvenes.

*Castilla-La Mancha*

- **Almansa:** tintos.
- **La Mancha:** vinos blancos, tintos y rosados.
- **Méntrida:** tintos y rosados.
- **Valdepeñas:** blancos y tintos.

*Castilla y León*

- **Bierzo:** vinos blancos, rosados y tintos de acusada personalidad.
- **Cigales:** rosados.
- **Ribera del Duero:** tintos.
- **Rueda:** blancos y espumosos.
- **Toro:** tintos recios.

*Cataluña*

- **Alella:** vinos blancos y tintos de crianza.
- **Conca de Barberà:** vinos blancos, rosados, tintos y espumosos.
- **Costers del Segre:** vinos blancos, rosados y tintos.
- **Empordà-Costa Brava:** rosados, tintos jóvenes y cava.
- **Penedès:** blancos y cava.
- **Priorat:** tintos robustos.
- **Tarragona:** blancos y tintos.
- **Terra Alta:** tintos recios.

*Galicia*

- **Rias Baixas:** vinos blancos.
- **Ribeiro:** vinos blancos.
- **Ribeira sacra:** tintos.
- **Valdeorras:** blancos.

*Madrid*

- **Vinos de Madrid:** vinos tintos, rosados y blancos.

*Murcia*

- **Jumilla:** tintos fuertes y blancos.
- **Yecla:** tintos de elevada graduación.

*Navarra*

- **Navarra:** rosados ligeros y tintos de crianza y reserva.

*La Rioja*

- **Rioja:** vinos de crianza, reserva y gran reserva.

*País Vasco*

- **Txacolí de Getaria:** blancos frescos.

*Comunidad Valenciana*

- **Alicante:** tintos robustos y vinos de licor.
- **Utiel-Requena:** tintos, rosados, blancos y espumosos.
- **Valencia:** blancos aromáticos, tintos con cuerpo y vinos de licor.

# 3. RITUAL DEL VINO

## EL BUEN VINO

Hay algunos conceptos que deben tenerse claros. Un **vino joven** es aquel que está destinado a consumirse en el primer año de su vida y un **vino nuevo** es el que se acaba de elaborar, pero no es necesario que se consuma durante el primer año; al contrario, debe dársele tiempo para que se desarrolle.

**No es cierto que un vino sea más bueno cuanto más viejo**. Todos los vinos tienen un tiempo óptimo de conservación y consumo.

Los vinos tintos de reserva y gran reserva son los que poseen una mayor duración y los que pueden mejorar sus características en la bodega.

Es muy difícil calcular los años que puede durar un vino. La **calidad de la cosecha** constituye un factor decisivo, pero también deben considerarse otros factores, como los tipos de cepa de que provienen los mostos (algunas variedades se conservan mejor que otras) o las mezclas o *coupages*.

La crianza o envejecimiento que haya recibido el vino en bodega antes de salir al comercio también tiene mucha importancia. Sin embargo, hay un factor que es muy difícil de controlar pero de suma importancia: las **condiciones en las que se ha almacenado** tras salir de la bodega.

Por lo general, los vinos tintos españoles precisan de un mínimo de 4 años a un máximo de 20 para poder saborearlos en su plenitud. Los vinos franceses tienen un tiempo de conservación variable, desde los seis meses hasta los 8 o 10 años, excepto los tintos de Burdeos, que se pueden conservar hasta 50 años.

## *Algunas añadas excelentes o muy buenas*

**La Rioja.** Excelentes los años 56, 64, 70, 78 y 82. Muy buenos los años 68, 73, 81, 89 y 90.
**Alella.** Excelentes los años 67, 68, 79, 82, 83 y 91. Muy buenos los años 64, 70, 72, 75, 78, 81, 87, 89 y 90.
**Cariñena.** Excelentes los años 75, 81 y 85. Muy buenos los años 68, 73, 76, 87, 88, 90, 91, 92 y 93.
**Navarra.** Excelentes los años 64, 70, 73, 81, 82. Muy buenos los años 66, 68, 83, 84, 88, 89, 93 y 94.
**Ribera del Duero.** Excelentes los años 73 y 80. Muy buenos los años 68, 76, 79, 81, 82, 83, 85, 86, 88, 90, 91 y 94.
**Burdeos.** Excelentes los años 61, 66, 70, 82, 85, 86, 88 y 90. Muy buenos los años 62, 64, 72, 79, 83, 84 y 89.
**Borgoña.** Excelentes los años 61, 64, 69, 71, 76, 85, 90 y 91. Muy buenos los años 66, 78, 82, 84 y 88.

**Chianti.** Excelentes los años 64, 68, 71 y 72. Muy buenos los años 62, 65, 66 y 70.
**Barolo Piemonte.** Excelentes los años 61, 62, 64, 65, 70, 71 y 74. Muy buenos los años 68 y 69.

## La propia bodega

Una bodega particular es preferible que sea pequeña, aunque funcional. La bodega doméstica puede formarse con un número limitado de botellas, unas 50 por ejemplo, una cifra que está bien y no necesita demasiado espacio.

Algunas soluciones consisten en disponer la bodega en la segunda residencia o en los «**dormitorios del vino**» (celdas con llave, alquiladas dentro de una bodega grande).

En ambos casos, el problema es que no se tienen a mano las botellas. Por eso, por poco que se pueda, es preferible poseer la **bodega en casa**. Se puede aprovechar el interior de un armario ropero, la parte inferior de la escalera o un rincón que puede resultar difícil aprovechar de otra manera.

Para el almacenamiento de las botellas, utilice **módulos de madera o de plástico rígido**.

### *Normas básicas*

**Temperatura.** La bodega no debe estar expuesta a cambios bruscos de temperatura. La oscilación no ha de ir más allá de los 7 ºC a los 16 ºC. Instale un termómetro bien visible.
**Humedad.** Debe ser alta, de un 70 %. Si es muy baja, los tapones se pueden resecar, perder volumen y dejar que entre

el aire. Si es mayor de 75 %, las etiquetas pueden deteriorarse. La humedad debe ser constante. En los pisos puede disponer recipientes con arena, que humedecerá con frecuencia, o comprar humidificadores.

**Oscuridad y tranquilidad.** El silencio y la luz escasa son condiciones necesarias para que los vinos se conserven. La bombilla que use deberá ser de 40 W como máximo y glaseada. Evite situar la bodega en lugares con vibraciones.

**Ventilación.** Los vinos deben airearse. La ventilación ideal es mediante respiraderos altos y orientados al norte o al noroeste. La orientación este o sudeste es problemática porque proporciona más luz y calor.

**Posición.** Las botellas deben colocarse acostadas para que no se resequen los tapones. Las botellas de espumoso es mejor colocarlas verticalmente. En todo caso, no debe variar la posición de estas últimas. Coloque las botellas de vino blanco más próximas al suelo y en la parte más fresca; el vino tinto soporta mejor las altas temperaturas.

**Consumo.** El cava aguanta muy poco; los blancos y rosados jóvenes deben consumirse dentro del año, los tintos ligeros no deben pasar de los tres años, y los tintos de reserva pueden mejorar en la bodega durante años.

## Selección de los vinos

A la hora de decidir qué vinos estarán en su bodega, debe pensar en varios apartados que le pueden servir incluso para organizarla:

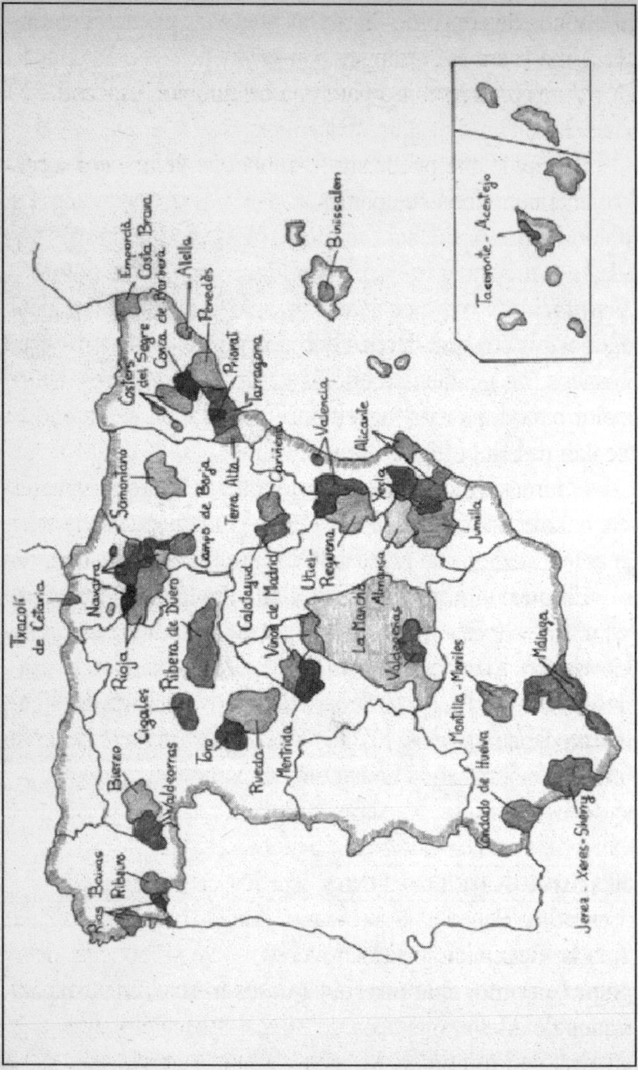
Txacolí de Getaria
Navarra
Rioja
Cigales
Ribera de Duero
Bierzo
Valdeorras
Rías Baixas
Ribeiro
Toro
Rueda
Méntrida
Vinos de Madrid
Calatayud
Campo de Borja
Somontano
Terra Alta
Cariñena
Utiel-Requena
La Mancha
Almansa
Valdepeñas
Yecla
Jumilla
Alicante
Valencia
Tarragona
Priorat
Penedès
Alella
Conca de Barberà
Costers del Segre
Empordà Costa Brava
Binissalem
Tacoronte - Acentejo
Montilla - Moriles
Málaga
Condado de Huelva
Jerez - Xeres - Sherry

- Vinos de consumo diario.
- Vinos para el domingo.
- Vinos para recibir o para una celebración especial.

Recuerde que puede surtir su bodega de manera sobresaliente con vinos nacionales.

## *Aspecto*

Es posible conocer la edad del vino por el **color.** Los vinos blancos jóvenes tienen reflejos verdes; los maduros son de color paja; los viejos tienen reflejos dorados, y los que ya se han pasado, reflejos ambarinos.

El vino rosado joven es de color rosa frambuesa; el maduro, color fresa fresca; el viejo tiene la tonalidad de la fresa madura, y el que se ha pasado es de color albaricoque.

El vino tinto joven tiene reflejos violáceos; el maduro es de color rojo cereza; el viejo es de color teja, y el pasado, de tonos marrones.

## *Vinos blancos*

**Aperitivo y mesa**. Rueda, Valdeorras, La Mancha, Madrid, Nueva Zelanda, Sudáfrica, California, Chile.
**Mariscos**. Albariño, Ribeiro, Penedès, Alella, Alsacia.
**Pescados**. Penedès, Somontano, Alella, Lombardía, Palatinado, Beaujolais y vinos jóvenes
**Sopas, cremas, charcutería y quesos frescos.** Blancos abocados de Alella, malvasía de Sitges, moscatel valenciano, moscat de Frontignac, Vinsanto, Rhin, Austria.

**Todas horas.** Montilla-Moriles, Jerez.

### *Vinos rosados*

**Chateo y paellas.** Navarra, Valencia, Bierzo, Empordà-Costa Brava.
**Aves, pasta.** Penedès, Empordà-Costa Brava, Utiel-Requena, Portugal.

### *Tintos jóvenes*

**Chateo.** Rioja alavesa, Ribera del Duero, Toro.
**Pasta, setas, ternera, aves, carnes.** Penedès, Somon-tano, Rioja, Valencia, Beaujolais, Côtes du Rhone, Barbaresco.

### *Tintos de crianza*

Rioja, Ribera del Duero, Valdepeñas, Somontano, La Mancha, Burdeos, Borgoña, Chianti, Toscana, Umbría.

### *Tintos reserva*

Penedès, Rioja, Ribera del Duero, Empordà-Costa Brava, Somontano, Navarra, La Mancha, Cariñena, Burdeos, Borgoña, Toulousse-Carcassonne, Chianti, Brunello de Montalcino, Douro, California, Chile, Argentina.

### *Tintos gran reserva*

Rioja.

### *Dulces*

**Postres**. Pedro Ximénez, moscatel, Málaga, Alicante, Eiswein (vino helado).

## DÓNDE COMPRAR VINOS

Evidentemente, lo ideal sería seguir una ruta del vino y degustar los caldos en las mismas bodegas, pero esto es casi imposible.

Confíe en las **tiendas especializadas**, que suelen reunir las suficientes garantías. En ellas se unen el conocimiento de los vinos y el oficio del responsable con las buenas condiciones de almacenamiento, que permiten conservar el vino en perfectas condiciones.

Otra solución para adquirir buenos productos es hacerse socio de un **club de vinos,** lo que permite, además, ilustrarse en la enología. Normalmente, el socio se compromete a adquirir un mínimo de seis botellas al mes y se suscribe a una revista que le mantiene informado. Los clubes seleccionan vinos de toda la geografía española e incluso de regiones de otros países que reúnen los requisitos de calidad necesarios.

### *Algunas tiendas especializadas en España*

**Alicante.** Bernardino (Alberola 40), Casa Pico (Pl. Los Luceros 4).
**Almería.** El Bello Rincón (Ctra. N-340, km 436).

**Barcelona.** Can Cisa (Princesa 14), La Barcelonina de Vins i Esperits (València 304), Lafuente (Ferran 29), Quílez (Rambla de Catalunya 63).

**Bilbao.** Ibeas (Ercilla 35), López Oleaga (Astarloa 3).

**Burgos.** Vinoteca Cordón (Puebla 3), Vinoteca El Lagar (San Lesmes 14).

**Cáceres.** El Palacio de los Vinos (Ancha 4).

**Castellón.** Supermercados Alcoceba (Pl. Juan XXIII 6).

**Ciudad Real.** El Palacio del Vino (La Mata 39).

**Cuenca.** Nicolás Bermejo (Av. Castilla-La Mancha 14).

**Girona.** Agustí Ensesa Vins (Santa Eugènia 7)

**Gijón.** El Gallego (Begoña 14).

**Granada.** Mantequería Castellano (Almireceros 6), Mantequería La Holandesa (Joaquín Costa s/n).

**Guadalajara.** Valentín Moreno (Ferial 25).

**Haro (La Rioja).** Isabel Gutiérrez Ortiz (Pl. de la Paz 5), La Catedral de los Vinos (Santo Tomás 4).

**Huesca.** Mantequerías Aragonesas (Coso Bajo 38).

**Ibiza (Baleares).** Frigola (Bisbe Torres 4).

**Jerez de la Frontera (Cádiz).** La Bodeguita (Ctra. Jerez-Arcos, km 10).

**La Coruña.** Buquet (Av. Calvo Sotelo 3), Casa Amador (Carmen 17).

**La Laguna (Tenerife).** La Vinoteca (Pl. Concepción 24).

**Las Palmas de Gran Canaria.** Sumiller (José María Durán 47).

**León.** Licores Conde Luna (Conde Luna 1).

**Lleida.** Casa Murillo (Pl. Sant Joan 35).

**Logroño.** La Catedral del Vino (Portales 25), Licores Espinosa (San Agustín 13).

**Lugo.** La Sucursal (San Marcos 1).
**Madrid.** Bodegas Santa Cecilia (Blasco de Garay 72-74), Enoteca La Atrevida (Santiago 10), La Cava de Augusto (Augusto Figueroa 33), Lafuente (San Bernardo 10), Tu Bodega (Pl. Esperanza 23).
**Maó (Baleares).** Xoriguer (Pl. del Carmen 16).
**Marbella (Málaga).** Semon (Gregorio Marañón s/n).
**Murcia.** Enoteca Selección Casa Rambla (Saavedra Fajardo 5), Guerma (Ronda de Levante 1).
**Orense.** Gran Colmado (Capitán Eloy 6), Queixo, Pan e Viño (Pl. Flores s/n).
**Oviedo.** Casa Veneranda (Melquíades Álvarez 23), Mantequerías La Suiza (Jesús 1).
**Palma de Mallorca.** Can T'ía (Pl. Cort 5), Centro del Vino y del Cava (Bartolomeu Rosselló Porcel 19), Charcutería Delgado (Reina Esclaramonda s/n), Vinoteca Colmado Colom (Santo Domingo 5).
**Pamplona.** Casa Azagra (San Juan de la Cadena 4), La Vinoteca (Carlos III 71).
**Playa de las Américas (Tenerife).** Di Vinos (Residencia El Camisón, local 11).
**Pontevedra.** Beledo (Soportales 3).
**Salamanca.** El Palacio de los Licores (Av. Mirat 9), Marcos (Concejo 14).
**San Sebastián.** Casa Armendáriz (Aldamar 4), Vinoteca Otaegui (San Marcial 5).
**Santa Cruz de Tenerife.** Caribean Center (Viera y Clavijo s/n).
**Santander.** Diferente (Vargas 55), Mantequerías Cántabras (Pl. Italia s/n y San José 23), Reigados (Castilla 7).

**Segovia.** Vinos Cerezo (Av. Fernández Ladreda 6).
**Sevilla.** Don Vino (Asunción 51), Tierras Nobles (Constancia 41).
**Soria.** La Bodega de Pepe (Mosquera de Barnuevo 2).
**Tarragona.** Mantequerías Cuadara (Rambla Nova 65).
**Toledo.** Esteban Bermúdez Rojo (Tornerías 10).
**Valencia.** Bodeguas Seguí (Cura Femenia 2), La Vinoteca (Conde de Salvatierra 19), Mantequerías Piquer (Cirilo Amorós 33).
**Zaragoza.** Alimentación Sánchez (Cortes de Aragón 45), Bodega Yáñez (Madre Sacramento 16), La Filoxera (Cadena 2), Sabores Mil (Princesa 5).

## SELECCIÓN DE LAS COPAS

Las actuales copas y vasos de cristal tienen sus precedentes en los *kylix* griegos, primeros recipientes especializados para degustar el buen vino, las tazas de cerámica, los cuernos de buey de los pueblos germánicos, las copas y cálices de metales nobles...

La selección de las copas es imprescindible para que el vino se aprecie lo mejor posible. Las copas deben estar bien lavadas y no presentarán huellas en el vidrio.

Use un **trapo de algodón** para secar las copas y no las toque nunca con los dedos al depositarlas sobre la mesa; sírvase de un trapo para evitar dejar huellas.

Un buen vino siempre debe **beberse en copa**.

## *Color, capacidad y forma*

Las copas de vino deben ser transparentes. Es el vino el que tiene que tomar el protagonismo y, por lo tanto, no se puede desvirtuar su color con copas de colorines, ni copas que presenten tallas complicadas, dibujos, etc. La copa no debe interponerse entre el vino y los sentidos.

Será de un **vidrio fino** poco grueso y totalmente incoloro, y deberá tener una boca más bien cerrada para que los aromas no se escapen, pero lo suficientemente abierta como para que el degustador pueda introducir la nariz.

Las copas para el vino deben tener la suficiente capacidad para que unos 60 $cm^3$ de vino ocupen sólo las **2/3 partes**. Debe haber, desde la superficie del vino hasta el borde, un espacio suficiente para que los aromas y el buqué queden contenidos y se pueda dar un sentido de rotación sin que el vino se vierta.

El pie debe ser fino; las manos nunca han de tocar el borde de la copa para que no varíe la temperatura o el aroma.

## *Tipos de copas*

**Impitoyables**. La nº 1, en forma romboidal, está diseñada especialmente para vinos tintos, jóvenes y rosados; la nº 2, alta, redondeada y estilizada, para vinos blancos; la nº 3, redondeada, sirve para vinos tintos viejos, y la nº 4, con grabados de granos de cebada que atraen la espuma, para vinos que burbujean.

**Copa ISO de cata.** Copa de 215 $cm^3$ normalizada, diseñada por expertos catadores.

**Copa de tulipa.** La más utilizada. Presenta dos tamaños: el mayor, para los tintos, y el menor, para los blancos. Es de forma ligeramente alargada y suavemente esférica.
**Copa flauta.** Ideal para los espumosos. Es estrecha, alta y alargada, y debe tener el borde superior ligeramente curvado hacia el interior.
**Catavinos.** Especialmente adecuada para los vinos de Andalucía (finos, manzanillas, olorosos). Es de forma alargada, tallo corto y boca estrecha.
**Caña.** Vasos de base estrecha de 10 cm de alto con fondo muy grueso, que se usan para los vinos cordobeses.
**Chiquito.** Vaso de vidrio achatado y de base ancha que se usa para el Txacolí.
**Cunca.** Pequeño tazón de loza blanca, se usa para beber Ribeiro.

Impitoyable nº1

Impitoyable nº 2

Impitoyable nº 3

Impitoyable nº 4

Iso de cata
Flauta
Tulipa
Caña
Catavinos
Chiquito
Cunca

La cortesía requiere que la botella se abra delante de los bebedores.

## *Descorche*

Descorchar una botella requiere su técnica y mucha calma. En primer lugar debe **retirar la cápsula.** Corte con un cuchillo por debajo del gollete para evitar el contacto del vino con la cápsula. Ponga al descubierto la cabeza superior del corcho y asegúrese de que no presenta anomalías que indiquen que el vino no permanece en su mejor estado.

Si el vino rezuma y ataca la cápsula, limpie los restos con una servilleta antes de quitar el corcho.

Use un **sacacorchos**. Son muy prácticos los siguientes:

- **Mariposa.** El más habitual, con dos brazos que suben progresivamente.
- **Continuo.**
- **Camarero**. Tiene un apéndice incorporado para hacer palanca en la boca de la botella.

Son mejores los sacacorchos que respetan las siguientes **medidas de la hélice**: 60 mm, como mínimo, de altura; 10-15 mm de diámetro y 3 mm de grosor.

Introduzca el sacacorchos por el centro del tapón **sin traspasarlo**, pues pueden caer partículas al vino.

Retire el corcho con firmeza, pero sin realizar movimientos bruscos. Gire la botella, nunca el corcho.

Una vez extraído, **huela el corcho** para detectar una posible alteración del aroma del vino.

### *Escanciado y servicio*

Limpie el gollete con la servilleta antes de que entre en contacto con el vino. La botella debe permanecer inmóvil. Escancie brevemente para arrastrar impurezas y, en caso necesario, cate.

Si el vino es corrccto, llene las copas hasta un máximo de **2/3** de su capacidad.

El anfitrión debe probar primero el vino y dar su conformidad; en los restaurantes, esta misión corresponden al somelier.

El vino debe servirse por el lado derecho y sin brusquedades, y sólo deben rellenarse las copas cuando están vacías.

### *Decantación*

Consiste en separar el vino limpio de sus posos. Antiguamente, los métodos de clarificación no estaban perfeccionados y las botellas llegaban turbias a la mesa.

Sólo deben decantarse las botellas que contengan **posos** y determinados tipos de vino, como los **tintos reserva** y **gran reserva,** que precisan airearse.

Tome una **vasija decantadora** con una mano y la botella con la otra, y trasvase el vino lentamente. Controle cuando los posos se aproximan al cuello de la botella.

Catar es un arte que requiere técnica. Constituyes un ejercicio complejo que precisa una serie de **conocimientos y entrenamiento constante**.

La cata trata de apreciar la calidad sometiendo el vino a los sentidos (vista, gusto y olfato). El ambiente más favorable para la cata es una habitación bien ventilada, a una temperatura entre 18 y 22 ºC, con tonos claros o blancos en las paredes.

La cata de vinos pertenece al análisis sensorial; es un conjunto de métodos y técnicas que permiten percibir, identificar y apreciar, mediante los sentidos, cierto número de propiedades **organolépticas**. El análisis consiste en desmenuzar las propiedades organolépticas y otorgar un veredicto.

En 1960 había 170 palabras para describir o utilizar en la cata. Hoy existen más de 1300 términos.

## *Consejos*

El catador debe encontrarse en **perfecta forma física**, ya que un ligero resfriado o la fatiga impiden una cata precisa.

Es necesario **abstenerse de fumar** varias horas antes de la cata y prescindir de colonias, perfumes o dentífricos de sabor persistente.

La copa estará **avinada**, es decir, se habrá bebido vino en ella y estará perfumada previamente.

La cata se hará **por la mañana, entre las 12 y las 13 horas,** sin comer, y no durará más de una hora y media.

La **cantidad de vinos catados** no será superior a 12. Entre vino y vino se puede comer miga de pan para limpiar el paladar. No se deben tomar galletas ni otros alimentos.

El catador profesional coge la copa por la base, toma el vino, lo pasa por la boca, luego lo escupe y se enjuaga la boca con agua. Ateniéndose a las reglas de valoración, el catador emite su juicio y anota sus observaciones en fichas especiales para las catas.

Si se usa la misma copa para todas las catas, ésta debe enjuagarse con el nuevo vino.

## *El oído*

Ciertos especialistas pueden llegar a conocer algunas particularidades del vino a través del oído. Así, pueden escuchar la viscosidad o textura al oír cómo cae el vino en la copa.

## *Examen visual*

Para apreciar visualmente el vino se debe llenar la copa a no más de 1/3 de su capacidad, y se debe poner **a contraluz** frente a una ventana provista de vidrio traslúcido blanco. La luz artificial puede producir variaciones en la apreciación del color.

En el color se puede leer el cuerpo (según la intensidad), la edad y el estado del vino.

Los vinos blancos y rosados deben tener **limpidez**, transparencia y brillo, mientras que en los tintos puede ocurrir que un vino límpido no sea transparente debido a la intensidad del color. Los vinos tintos pueden presentar posos.

Con el examen visual también se detecta la **fluidez**. Un vino puede ser viscoso y crear lágrimas al girar la copa, pero no debe tener aspecto aceitoso. Los vinos de alta graduación alcohólica son espesos.

### *Examen olfativo*

Para analizar olfativamente el vino se debe **mover la copa** haciéndola girar de modo que se desprendan más sustancias volátiles.

Los olores se perciben al introducir la nariz en la copa y aspirar, y los aromas se perciben por vía retronasal una vez que el vino se halla en la boca.

Hay matices que se pueden individualizar (almendra, avellana, pimientos verdes, higos, pasas...) y otros que son más complejos (frutales, animales, florales...):

**Aromas primarios.** Son los aromas varietales característicos de la uva. Se perciben mejor en los vinos jóvenes y se asocian a frutas (mora, manzana, grosella, limón, naranja, cerezas...) y a otros productos como trufa, café, tabaco, pimiento verde, pino, heno, miel...

**Aromas secundarios**. Son producto de la fermentación. Los aromas secundarios negativos permiten captar problemas en la elaboración. Los aromas a orujo indican una elaboración descuidada, y los aromas sulfídricos, que el vino ha sufrido alguna degradación microbiológica.

**Aromas terciarios (buqué)**. Provienen de la crianza e indican si un vino ha evolucionado correctamente. El buqué habla del paso por la madera (aromas oxidativos) y del paso por la botella (aromas reductores).

### *Examen gustativo*

El último paso es el examen gustativo para apreciar las sensaciones que el vino despierta en la boca.

Aunque la lengua no tiene la misma capacidad de precisión que el olfato, es capaz de distinguir cerca de 100 estímulos.

Las **células receptoras de las papilas** distinguen cuatro sabores básicos predominantes y sus combinaciones:

- **Sabor azucarado.** Producido por el alcohol y azúcares residuales.
- **Sabor ácido.** Producido por los ácidos orgánicos libres.
- **Sabor salado.** Producido por los ácidos solidificados.
- **Sabor amargo.** Producido por los compuestos fenólicos que provocan la astringencia del vino (taninos y antocianos).

### *Normas*

Debe tomarse un **sorbo no muy grande**, pasear el líquido por la lengua para que roce las papilas gustativas, deslizarlo por los laterales de la lengua, aspirar un poco de aire una vez el vino se encuentra en la boca y, finalmente, tragarlo o escupirlo.

Aromas y sabores deben resultar armónicos y corresponderse unos a otros.

El análisis gustativo se realiza en **cuatro fases** que proporcionan la información precisa acerca del sabor del vino:

- **Ataque o primera impresión.** Se llama así a la primera impresión que el vino produce en la lengua. Suministra información sobre el sabor azucarado.
- **Evolución o paso por la boca.** Aparecen los sabores ácidos, salados y amargos.
- **Impresión final o final de boca.** Aparecen los sabores amargos y astringentes.
- **Posgusto.** Sabor que se percibe después de haber tragado o escupido el vino.

### *Otras informaciones*

Además de los sabores elementales, el examen gustativo también proporciona otras informaciones:

- **Sensaciones táctiles.** Indican la textura del vino: fluidez, untuosidad, redondez...
- **Sensaciones térmicas.** Según la temperatura del vino.
- **Sensaciones pseudotérmicas.** Producidas por el alcohol, que produce quemazón y ardor.
- **Sensaciones químicas.** Producen impresión de sequedad, rugosidad, aspereza...

**Abierto.** Vino de color poco intenso y claro.
**Abocado.** Vino ligero de sabor suavemente dulce. Un vino es abocado cuando contiene entre 5 y 15 g de azúcar residual por litro.
**Aceitoso.** Vino oleoso; es un defecto grave.
**Acerbo.** Vino áspero y ácido producido por uvas recolectadas prematuramente.
**Acerado.** Vino blanco de una tonalidad que recuerda al acero pulido.
**Acidez.** Combinación de varios ácidos: tartárico, cítrico y málico (acidez fija), y acético, láctico y succínico (acidez volátil que se percibe por el olfato). El objetivo es encontrar el equilibrio entre la fruta, la uva y el alcohol.
**Ácido.** Vino en el que predomina el sabor ácido. En exceso constituye un defecto, aunque la acidez es imprescindible en algunos vinos para darles frescor y viveza.
**Acorchamiento.** Se produce cuando el corcho es defectuoso. El vino queda inodoro e insípido.
**Acuoso.** Aguado y desequilibrado; es un defecto grave.
**Afrutado.** Aroma que recuerda al de la uva recién vendimiada y al de otros frutos frescos. Es una característica propia de los vinos jóvenes.
**Agresivo.** Vino con un aroma y sabor que atacan los sentidos debido a la excesiva acidez. Es un defecto grave.
**Aguado.** Muy débil.
**Aguja.** Carbónico muy leve del vino.
**Ahilado.** Vino turbio que fluye formando madejas como el aceite; es un defecto grave.

**Aireado.** Pobreza aromática y de sabor; es un defecto grave.

**Alcalino.** Acidez excesivamente baja. Es un vino pobre de aroma, con color poco vivo y sabor soso. Constituye un defecto grave.

**Alcohólico.** Vino con mucho grado. También puede referirse a una presencia destacada del alcohol por desequilibrio con otras características; en ese caso es un defecto.

**Alegre.** Ligero, fresco y vivaz, aunque sin complejidad aromática.

**Almendrado.** Sabor que recuerda a las almendras. Es una virtud de los vinos generosos, especialmente de los finos y manzanillas de Jerez y Sanlúcar.

**Amargoso.** Deje final del sabor. Cuando es suave, ligero y bien integrado da elegancia al vino.

**Ambarino.** Tono de los vinos blancos que denota edad.

**Amplio.** Complejo y con matices. Es un vino rico y de calidad.

**Antociano.** Sustancias colorantes que se encuentran en el hollejo de las uvas tintas.

**Anubado.** Vino blanco de color empañado o grisáceo.

**Apagado.** Vino que ha perdido total o parcialmente sus características principales.

**Ardiente.** Con demasiado alcohol, produce sensaciones agresivas en el paladar.

**Aristas.** Sensaciones de desequilibrio advertidas en el olfato o en el sabor (exceso de alcohol, taninos...).

**Armadura.** Estructura del vino integrada por sus componentes básicos (alcohol, taninos, pigmentos...). Un vino con buena armadura tiene cuerpo, buena acidez, equilibrado grado alcohólico y resulta sabroso.

**Armonioso.** Equilibrado en su composición.
**Aroma.** Conjunto de valores olfativos del vino.
**Aromático.** Vino que destaca por su agradable fragancia.
**Áspero.** Vino con exceso de taninos.
**Astringente.** Sensación de aspereza detectada en la boca y producida por el abundante contenido en taninos.
**Aterciopelado.** Vino tinto, suave y noble que acaricia el paladar. Indica calidad.
**Áureo.** Color amarillo brillante del vino blanco. Oscila entre el pajizo y el dorado.
**Balsámico.** Con sabor a maderas de cedro o abeto. Es un defecto que afecta a los vinos blancos.
**Basto.** Vulgar y sin finura.
**Brillante.** Vino con aspecto totalmente limpio.
**Buqué.** Conjunto de aromas, perfumes y fragancias que obtiene el vino en su envejecimiento.
**Caliente.** Alta graduación alcohólica. Sensación de calidez que produce un vino en la boca.
**Capa.** Intensidad del color de un vino. Capa baja indica color abierto y poco oscuro; capa media supone mayor intensidad, y capa alta se refiere al vino tirando a oscuro o casi negro. Doble capa significa que el vino se ha elaborado con mayor cantidad de hollejos para intensificar el color.
**Carácter.** Vino con personalidad.
**Caramelizado.** Sensación de sabor y olor de un vino debido a que los azúcares se han sometido a la acción del calor.
**Cárdeno.** Color rojo púrpura, oscuro e intenso.
**Carnoso.** Vino con cuerpo, consistente y de buena constitución, que causa sensación física en la boca.
**Casta.** Vino noble procedente de buenas cepas.

**Cerrado.** Vino que no expresa sus aromas hasta que se airea.

**Complejo.** Vino con numerosos aromas y sabores armónicos y equilibrados.

**Completo.** Vino equilibrado y pleno.

**Corriente.** Vino de mesa (vino de pasto, ordinario...).

**Corto.** Vino con aromas o sabores que duran poco.

**Cristalino.** Brillante y limpio como el cristal.

**Crudo.** Vino sin terminar.

**Cubierto.** Tinto oscuro y poco transparente.

**Cuerpo.** Sensación de consistencia del vino en la boca. Es una cualidad de los grandes vinos.

**Débil.** Vinos con caracteres poco definidos.

**Decrépito.** Vejez excesiva.

**Deje.** Sensaciones que permanecen después de ingerir el vino (retrogusto).

**Delicado.** Sutil y poco intenso, pero armonioso, pleno y con finura.

**Descarnado.** Vino pobre en consistencias.

**Desequilibrado.** Sin armonía entre sus componentes.

**Desvaído.** Débil de aromas y sabor por una excesiva influencia del aire.

**Dorado.** Color rico de algunos vinos blancos.

**Dry.** Vino ajerezado seco.

**Dulzón.** Sabor dulce de carácter desagradable.

**Duro.** Ácido y astringente. Puede deberse a falta de crianza o a elaboración inadecuada.

**Elegante.** Vino con estilo, bien acabado.

**Enmohecido.** Defecto grave producido por un corcho en mal estado o por falta de higiene.

totalmente. Se trata de un vino muy ácido y tiene poco grado alcohólico.

**Equilibrado.** Aromas y sabores bien conjuntados. Vino redondo, de calidad.

**Especiado.** Sensaciones aromáticas que recuerdan a las de determinadas especias como la pimienta, el clavo, la vainilla, la canela...

**Espeso.** Vino grueso, recio, con cuerpo y densidad.

**Estructura.** Armadura.

**Espirituoso.** Vino de elevada graduación alcohólica. Sinónimo de licor.

**Evolucionado.** Vino que ha experimentado modificaciones.

**Fatigado.** Apagado y falto de vigor.

**Final de boca.** Últimas sensaciones que se aprecian al degustar el vino.

**Finura.** Cualidades de aroma y sabor delicadamente matizadas.

**Floral.** Aroma primario que recuerda a las flores.

**Forrado.** Vino con gran cantidad de glicerina que lo suaviza.

**Fragancia.** Aromas intensos y persistentes.

**Franco.** Vino honrado, sin alteraciones ni defectos, sin falsos olores o sabores.

**Fresco.** Sensación que proporcionan los vinos jóvenes y blancos bien equilibrados.

**Frutal.** Vino que recuerda el aroma de la uva de la que procede.

**Generoso.** Por extensión, vino de alta graduación alcohólica y caracteres pronunciados.

**Gama.** Conjunto de características de un vino (color, sabor...) según una escala gradual.
**Geraniol.** Olor a geranios que altera el aroma del vino. Es un defecto grave.
**Glicérico.** Suave y untuoso a consecuencia del contenido idóneo de glicerina.
**Graso.** Vino de tacto untuoso, rico en alcohol y glicerina.
**Herbáceo.** Aroma o sabor que recuerda a las partes verdes de la vid, consecuencia de una vendimia prematura o de un prensado excesivo. También, aroma que recuerda al heno y al césped recién cortado; en este caso constituye una cualidad.
**Ideal.** Perfecto.
**Incisivo.** Vino con exceso de acidez.
**Insípido.** Sin sabor.
**Intensidad.** Escala que mide la cantidad de aroma, sabor, color...
**Irisación.** Cuando un vino presenta reflejos o diferentes matices de color.
**Joven.** Vino del año, nuevo, sin crianza.
**Lácteo.** Aromas terciarios presentes en los vinos de crianza de calidad.
**Ladrillo.** Color de los vinos tintos viejos.
**Lágrimas**. Fenómeno que se produce cuando, durante la cata, se agita ligeramente el vaso y el vino desciende por las paredes del mismo. Sinónimo de perlas, piernas.
**Largo.** Vino que produce en el paladar sensaciones persistentes y agradables.
**Ligero.** Vino con poco alcohol y poco extracto.
**Límpido.** Sin nada que lo enturbie.

**Limpio.** Límpido. También, ausencia de aromas inadecuados.
**Lleno.** Pleno, con todos los sabores y adecuada estructura.
**Maderizado.** Con demasiado aroma y sabor a madera; es un defecto.
**Medicinal.** Aroma desagradable que recuerda a un medicamento.
**Meloso.** Vino suave y agradable.
**Metálico.** Vino con gusto a metal.
**Mordiente.** Vino cuya acidez está al límite de la agresividad.
**Nariz.** Conjunto de cualidades olfativas de un vino.
**Nervio.** Vino con carácter y vigor debido a una presencia notable, aunque equilibrada, de taninos y ácidos.
**Neutro.** Vino de escasa acidez.
**Noble.** Vino elaborado con esmero y que se ha sometido a crianza al menos durante dos años.
**Organoléptico.** Que se percibe por los sentidos.
**Oxidado.** Vino cuyo color, aroma y sabor se han alterado por la acción del oxígeno.
**Paja.** Color amarillo claro que recuerda a la paja seca.
**Pajizo.** Vino blanco de color menos intenso que la paja. También, defecto de algunos tintos que han decaído en color.
**Pale.** Vino ajerezado pálido.
**Pálido.** Vino color oro claro.
**Pequeño.** Sin defectos, pero con aromas y sabores poco potentes.
**Perfumado.** Vino con gran aroma.
**Perlado.** Vino saturado de gas carbónico débilmente efervescente.

**Persistente.** Vino con aromas que duran segundos después de degustarlo. La mayor persistencia es signo de calidad.
**Picante.** Sensación producida por la aguja de un vino ligeramente carbónico.
**Pimienta.** Aroma terciario de algunos vinos de crianza.
**Pimiento.** Aroma primario característico de vinos elaborados con Cabernet Sauvignon.
**Plano.** Soso.
**Posgusto.** Sensaciones que permanecen en el paladar después de ingerir el vino.
**Punzante.** Aroma incisivo y penetrante de los vinos elaborados con Crianza en Flor (jerez).
**Púrpura.** Color rojo intenso y vivo.
**Quebrado.** Vino enfermo, turbio.
**Quinado.** Aromatizado con quina.
**Rancio.** Añejo. Vino obtenido por crianza intensamente oxidativa.
**Recio.** Con cuerpo, consistente y alcohólico.
**Redondo.** Equilibrado.
**Requemado.** Caramelizado.
**Retrogusto.** Sensación que vuelve a la boca después de ingerir el vino.
**Retronasal.** Aromas percibidos cuando el vino se encuentra en la boca.
**Robusto.** Con cuerpo y buena graduación.
**Rojo.** Color básico de los vinos tintos. Tiene muchos matices: rubí, cereza joven, fresa, violáceo, rojo violeta, granate, bermejo, teja, anaranjado...
**Sabroso.** De amplio sabor y rico.
**Seco.** Con escaso azúcar residual (menos de 5 g por litro).

**Sedoso.** De gran suavidad cuando pasa por la boca.
**Soso.** Plano.
**Sotobosque.** Aroma característico que remite al del musgo y a las hojas caídas en otoño.
**Suave.** Vino de poca acidez, armonioso, agradable al paladar y con gran cantidad de glicerina.
**Sucio.** Vino con olores extraños.
**Sutil.** Más que delicado.
**Tabaco.** Aroma apreciable en algunos vinos de crianza, sobre todo en los de Burdeos.
**Tánico.** Con marcada astringencia.
**Tanino.** Sustancia química natural procedente de los hollejos y raspones. Produce sensaciones astringentes. Cuando son demasiado vivos indican que el vino, en el caso de ser de calidad, necesita envejecer.
**Tastevín.** Sinónimo de taza catavinos. Designa un recipiente cóncavo, elaborado en plata o material brillante y utilizado en la cata.
**Tenue.** Desvaído.
**Terpénico.** Aromas de compuestos volátiles y odoríferos característicos de variedades de uva como moscatel, albariño, riesling... Recuerdan aromas densos y profundos como el laurel o, incluso, gasolina.
**Terroso.** Con sabor a tierra. Se debe a la mala filtración.
**Tierno.** Vino sin hacer.
**Tostado.** Vino que tiene los azúcares quemados. También, vino dulce y suave típico de Galicia.
**Tranquilo.** Vino no espumoso.
**Untuoso.** Vino que impregna la mucosa bucal.
**Vainilla.** Aroma de algunos vinos que recuerda a esta especia.

**Valeriánico.** Olor a queso fermentado debido a este ácido.
**Varietal.** Relativo o derivado de una variedad de uva. También, vino elaborado con al menos un 85 % de una variedad determinada.
**Vegetal.** Aroma verde que recuerda al heno recién cortado.
**Velado.** Un poco turbio.
**Verde.** Con acidez excesiva.
**Vigoroso.** Sabroso y con cuerpo.
**Viejo.** Con edad excesiva.
**Vinoso.** Con alta graduación alcohólica, pesado.
**Violeta.** Aroma primario de determinados vinos o propio de algunas variedades.
**Vivaz.** Fresco y alegre y con adecuada acidez.
**Vivo.** De aspecto brillante, capaz de evolucionar.
**Volumen.** Vino con cuerpo y matices.
**Vuelto.** Vino agrio con olor a col fermentada.
**Zarzamora.** Componente aromático de algunas variedades de uva como la tempranillo.

# 4. VINO Y GASTRONOMÍA

## Armonía entre vino y comida

El vino es inseparable de la comida y constituye el contrapunto y el complemento de los platos más exquisitos.

### *Bases de la armonía*

En la búsqueda de la armonía entre sabores y olores intervienen dos factores en apariencia contrapuestos, pero que incluso pueden aplicarse a la vez:

- **Analogía de cualidades sensoriales**. Se busca la uniformidad de los componentes; las comidas fuertes requieren un vino rico en sabores, y las comidas más neutras, vinos más suaves.
- **Contraste de cualidades sensoriales**. Se trata de encontrar la complementariedad o algunas oposiciones inte-

resantes de algunos aspectos de los platos y de la bebida, de forma que algunas características se realcen mutuamente.

## *Asociaciones más placenteras*

Así como la cocina evoluciona constantemente, los vinos también reflejan algunas nuevas tendencias. El éxito comercial del beaujolais en Francia inició un fenómeno de **vinos bebés** que llegó incluso a España y que, en el caso de neozelandeses o chilenos, da una vuelta de tuerca más, ya que se vendimia en marzo, seis meses por delante.

Para conseguir una perfecta armonía, también deben tenerse en cuenta las **asociaciones de color**, que predisponen a las asociaciones de sabor: los vinos blancos armonizan con los platos menos coloreados (carnes blancas, pescados, salsas blancas...), mientras que los vinos tintos combinan mejor con los alimentos de color subido, como carnes rojas o salsas marrones.

Asimismo, los **vinos blancos refrescantes**, ligeros y ácidos se asocian perfectamente con las verduras, los quesos frescos, de pasta o de cabra, embutidos, pescados y mariscos, mientras que los **vinos tintos** se combinan mejor con alimentos fuertes como buey, caza mayor o los quesos más curados.

## *Algunos trucos*

Además de la composición de los platos, hay algunos consejos que deben tenerse en cuenta:

- Los grandes vinos se aprecian mejor en un grupo reducido de personas.
- Es mucho más agradable usar varios vinos en cada comida.
- Los vinos de menor calidad se sirven antes.
- Sirva de los vinos más suaves a los más fuertes. El que se ofrece siempre será mejor que el que le antecede.
- Da muy buenos resultados **combinar vinos y platos de un mismo origen**.
- Los platos en los que un vino entra como ingrediente se realzan si se acompañan del mismo vino.
- No deben acompañarse con vino los platos de culturas exóticas que no lo consumen.

## Alianzas entre vinos y platos

### *Entrantes y primeros platos*

A los **aperitivos** les sientan bien los blancos abocados, claretes y rosados. También los generosos jóvenes y viejos, y el jerez. Hay quien puede preferir ginebra, whisky y demás aperitivos.

**Sopas y cremas** realzan su sabor con blancos abocados. Las **verduras** combinan bien con los blancos jóvenes; les convienen los vinos frescos, alegres. La **charcutería** debe servirse con blancos abocados, rosados y generosos jóvenes.

La **pasta** armoniza con rosados, tintos ligeros o blancos abocados; puede escogerse el vino según los ingredientes que la acompañen. Las **tortillas y huevos** se complementen con blancos con cuerpo o rosados.

Los **arroces** piden tintos de crianza. La paella puede acompañarse de blancos, rosados o claretes.

### *Pescados y mariscos*

Los **mariscos** piden blancos jóvenes muy secos, espumosos y generosos jóvenes, mientras que para los **pescados** resultan más adecuados los blancos jóvenes secos y semisecos. También pueden servirse con espumosos y con generosos jóvenes.

### *Carnes y platos fuertes*

Para las **legumbres y estofados**, así como para otros platos fuertes, son recomendables los tintos de crianza. La **ternera** es buena compañera de los rosados y de los tintos ligeros. A las **carnes blancas** les convienen los vinos tintos hasta el quinto año. Con las **carnes rojas** se pueden servir las mejores reservas. Las **aves** pueden servirse con blancos semisecos, espumosos o rosados. A los platos de ave también les convienen los tintos ligeros. Para la **caza menor** son adecuados todos los vinos tintos, mientras que para la **caza mayor** convienen los grandes vinos tintos de mucho cuerpo.

### *Quesos y postres*

Los **quesos frescos**, suaves o de pasta blanda se sirven con blancos abocados, y los quesos curados, con todo tipo de tintos.

Para los **postres dulces** se puede usar cava y todos los vinos dulces, desde vinos de málaga o moscateles hasta jerez abocado o la malvasía. La **fruta** se acompaña de espumosos secos.

## La temperatura

### *Vinos blancos y espumosos*

**Vinos blancos jóvenes y manzanillas.** Deben servirse entre 7 y 10 ºC para que conserven sus finos aromas y su personalidad. Los **blancos dulces** deben servirse a unos 5 ºC para que su dulzura armonice con el carácter del vino y se puedan apreciar limpiamente los aromas afrutados.

**Vinos blancos viejos.** Deben oscilar entre 10 y 12 ºC para que no se pierdan los aromas producidos por envejecimiento, que son más delicados.

**Cavas y espumosos.** Tienen que estar fríos, no helados, en contra de la creencia popular. Deben servirse entre 6 y 8 ºC, ya que a menor temperatura pierden matices, y a mayor, resaltan los sabores amargos.

### *Vinos claretes y rosados*

Los **claretes y rosados**, a medio camino entre el vino blanco y el tinto, deben ofrecerse entre 10 y 12 ºC.

## *Vinos tintos*

**Vinos tintos ligeros.** Deben servirse entre 12 y 15 ºC, mientras que los **amontillados**, al ser más viejos y con mayor carácter, deben servirse a 15 ºC. Los **valdepeñas tintos**, sin embargo, y también los blancos, así como los vinos regionales de 2 o 3 años, alcanzan sus mejores cualidades servidos alrededor de 6 ºC.

**Tintos con cuerpo** y **olorosos.** La temperatura ideal es de 14-17 ºC. Son vinos corpulentos que no necesitan acentuar su frescura con una temperatura fría.

**Tintos viejos.** Estarán perfectos a una temperatura de 17-18 ºC que despierte los aromas producidos por el envejecimiento y que, sin embargo, impida que el alcohol tome protagonismo.

## *Oportos y Madeira*

Son vinos con unas características aromáticas muy especiales a resaltar, por lo que no se tienen que servir muy fríos ni tampoco a una temperatura demasiado elevada que los podría hacer empalagosos. Su temperatura ideal está entre **13 y 14 ºC**.

## *Vinos dulces*

Los vinos de jerez olorosos, los vinos de málaga, abocados, olorosos, moscatel, malvasía y todos los vinos dulces en general están mejor a **temperatura ambiente**.

# 5. EL VINO EN LA COCINA

## PRIMEROS PLATOS

Para toda clase de platos, el vino es un ingrediente más que aporta un sabor peculiar. Para que los platos queden perfectamente, **utilice vinos de calidad.** No se trata de usar un reserva, pero tampoco de estropear un plato con un vino ínfimo.

Los arroces son platos que se pueden alegrar con un buen vaso de vino blanco. Puede hacer un delicioso **arroz con berberechos** si hierve 500 g de berberechos y añade el caldo colado y una copa de vino a un sofrito con tomates y chalotas. Salpimiente y cueza el arroz (250 g) a fuego lento durante unos 15 minutos. Incorpore los berberechos sin concha y deje cocer unos 2 minutos más.

Recuerde que el agua debe medir el doble del volumen del arroz más un cuarto.

Muchas salsas que acompañan platos de pasta incluyen el vino como un ingrediente más. Primeros platos como macarrones con sepia, cintas con cocochas o tortellini con salsa marinera quedan en su punto añadiéndoles estratégicamente una copa de vino. En el caso de los **macarrones con sepia**, rocíe la sepia con el vino cuando esté casi hecha y añada, después de unas vueltas, los tomates triturados. Siga cociendo hasta que las sepias estén tiernas. Vierta la salsa sobre la pasta.

Para las **cintas con cocochas**, pele y pique ajo y cebolla, y fríalos hasa que empiecen a tomar color. Añada entonces perejil picado, una copa de vino blanco y un vaso de caldo de pescado. Agregue las cocochas y hágalas a fuego lento.

Una forma rápida y deliciosa de preparar **tortellini de queso con salsa marinera**: fría ligeramente 2 dientes de ajo y una cebolla, rehogue el pan rallado, añada un vaso de caldo de pescado, una hoja de laurel, un poco de zumo de limón, vino blanco y pimienta, y remueva bien. Deje cocer entre 12 y 15 minutos.

La **salsa boloñesa** requiere, para quedar en su punto, un vaso de vino. Sofría en una cazuela carne picada con manteca, aceite y hortalizas finamente picadas (apio, zanahorias y perejil). Cuando haya tomado buen color, añada setas troceadas que habrá remojado en un poco de agua tibia. Riegue con el vino, déjelo cocer un rato y añada los tomates triturados.

### *Tallarines con marisco y verdura*

*300 g de tallarines de huevo.*
*150 g de gambas.*
*8 langostinos.*
*200 g de almejas.*
*1 puerro, 1 zanahoria, una ramita de apio, perejil picado.*
*1 vaso de nata líquida.*
*2 yemas de huevo.*
*8 cucharadas de aceite.*
*1/2 vaso de vino blanco.*

Ponga las almejas en agua fría con sal para que suelten toda la arena. Quite las cabezas y las cáscaras a las gambas y langostinos. Limpie las verduras y lávelas cuidadosamente. Córtelas en juliana fina y fríalas sin que se doren.

Escurra las almejas, lávelas e incorpórelas a la cazuela hasta que se abran. Añada los cuerpos de las gambas y langostinos, salpimiente y riegue con el vino blanco. Dé unas vueltas y añada la mitad de la nata líquida. Cuando esté caliente, añada el resto de la nata batida con las yemas. Cueza la pasta en abundante agua salada con un chorro de aceite. Escúrrala y mézclela con las verduras y el marisco. Espolvoree con el perejil.

## Carnes

El vino blanco o el tinto, dependiendo de los platos, son también buenos aliados de las especialidades de carne.

## *Pollo*

Además de asado en horno o en cazuela (para lo cual resulta imprescindible el vino), el pollo también se puede preparar con **pimientos troceados, piñones y huevos duros picados**. Ponga el pollo dorado con los pimientos, un vaso de vino blanco y otro de agua, y cueza durante 10 minutos. Maje en el mortero los huevos cocidos y ajos, y añada otro vaso de vino. Vierta en la cazuela.

Otra receta interesantes es el **pollo con rioja**. Dórelo y póngalo a cocer con cebolla, champiñones y jamón cortado a trocitos que habrá salteado previamente. Riegue con dos vasos de vino de rioja y con un vaso de caldo.

Las **pechugas** quedan deliciosas si las cuece con tomates, cebollas, zanahorias y un puerro. Previamente habrá puesto a remojar en oporto, durante dos horas, pasas de Corinto. Haga una salsa con mantequilla, harina y el caldo de cocer las pechugas. Cubra las pechugas con esta crema y agregue las pasas.

## *Ternera*

Para realizar **ternera asada o estofada** se usa vino tinto, pero se puede conseguir un efecto muy delicado si emplea vino de jerez. Sólo es necesario dorarla y agregar cebollas troceadas, dientes de ajo, un vaso de jerez, agua, clavos, sal y pimienta. Debe cocer durante unas dos horas y media.

Una versión muy suculenta para el **hígado** es cocinarlo con vino y naranja. Pase los filetes por harina y fríalos a fuego lento sobre un lecho de cebolla y ajos. Póngalos en una fuente junto con la cebolla y prepare la salsa. Eche zumo de naranja y vino tinto en la sartén y dé un hervor a fuego vivo. Retire del fuego cuando el líquido se haya reducido a la mitad y añada perejil picado y corteza de naranja rallada y blanqueada. Cubra el hígado con esta salsa.

## *Cerdo*

Una propuesta exquisita es el **cerdo al vino y al limón**. Corte la carne a dados y dórela. Póngala a cocer con un vaso de vino blanco seco, comino, ajo, sal y pimienta molida hasta que esté tierna. Si es necesario, añada agua. Cuando esté hecho, agregue medio vaso de vino y varias rodajas de limón cortadas en cuatro. Prosiga la cocción hasta que se espese un poco la salsa.

El **redondo de lomo a la naranja** debe hacerse dorando el lomo, zanahorias y cebolla y dejando cocer, durante una hora, con un vaso de vino tinto y otro de vino blanco, pimienta y clavo. Retire el lomo, triture y cuele el contenido de la cazuela, añada el zumo de naranja y la nuez moscada y reduzca un poco. Puede añadir la piel de la naranja cortada en juliana y blanqueada en agua hirviendo. Si la salsa es demasiado ácida, agregue miel. Sirva con la salsa aparte.

# Pescados

Los pescados y el vino blanco son grandes aliados no sólo en la mesa, sino formando parte de un mismo plato. Para hacer **pescado al horno** se debe sazonar y pintar con mantequilla, y rociar con una copa de vino blanco seco o jerez. Introduzca en el horno, que debe estar caliente, pero no en exceso, y rocíe el pescado de vez en cuando con el líquido de la cocción. Este método de cocción es apropiado para merluza, pescadilla, rape, atún, bacalao, besugo y, en general, para todos aquellos pescados de carne un tanto desabrida, como carpa, dorada, lucio, lamprea...

Se puede sustituir el vino blanco por cava.

## *Caldereta*

Este plato delicioso admite todo tipo de pescados y mariscos y es muy fácil de elaborar. Use salmonetes, lenguados, lubinas, julias, fanecas, rapes, besugos, pescadillas, almejas, mejillones, cangrejos de mar, camarones...

Coloque una capa de pescado en el fondo de la cazuela y cubra con una mezcla de cebolla, pimientos morrones, salsa de tomate y nueces peladas y machacadas. Tape con otra capa de pescados y mariscos y cubra de nuevo con la mezcla. Termine siempre con una capa de la salsa. Añada una copa de jerez y dos clavos de especias, rocíe con aceite y tape herméticamente para que hierva a fuego moderado.

## *Caldos cortos*

Elabore un **caldo corto para pescados** cociendo, durante unos 10 minutos, abundante agua fría, una hoja de laurel, un trozo de cebolla pelada, una zanahoria grande cortada en rodajas, un vaso de vino blanco y el zumo de medio limón.

Para **dar color y sabor** a pescados como lucio, dorada, carpa o truchas, utilice un caldo corto que preparará igual, pero sustituyendo el vino blanco por vino tinto.

## *Mariscos*

Para cocer **langostas o bogavantes** póngalos en una olla que contenga 3 o 4 litros de agua fría, una zanahoria mediana cortada en rodajas, un trozo de cebolla pelada entera, una hoja de laurel, una ramita de tomillo y otra de perejil, y medio vaso de vino blanco seco. Salpimiente y deje cocer durante unos 15 minutos. Estas proporciones son para un 1 kg de marisco.

Una forma sencilla y exquisita de preparar las **almejas** y los **mejillones** es a la marinera. Caliéntelos al fuego con un vaso de agua para que se abran. Quite una de las conchas y disponga en una fuente. Elabore una salsa friendo ligeramente cebolla y ajos, añada una cucharada de pan rallado y, después de unas vueltas, una hoja de laurel, un vaso de vino blanco, el agua de cocer las almejas o los mejillones y el zumo de medio limón. Espolvoree con perejil picado.

El anís, los anisados y sus derivados son de sobra conocidos en la elaboración de rosquillas, roscos, roscones, pastas y galletas. Sin embargo, determinadas recetas de repostería usan el vino como uno de sus ingredientes.

## *Galletas*

Para realizar unas suculentas **galletas inglesas** se necesita media taza de vino blanco, 200 g de mantequilla, una cucharadita de canela, medio limón, 150 g de azúcar, 2 cucharaditas de levadura, 60 g de chocolate, harina y azúcar glaseado.

Funda el chocolate en el vino blanco y reserve. Bata la mantequilla con el limón, la levadura y el chocolate con el vino. Mezcle bien y agregue la harina poco a poco hasta formar una masa fina que no se pegue a las manos. Extienda con el rodillo y corte las galletas en la forma que desee. Cueza a horno fuerte hasta que estén doradas. Cubra con azúcar glaseado.

Unas **galletas caseras** muy nutritivas y con muchos matices de sabores también cuentan con el vino como ingrediente. Funda 2 tacitas de grasa de cerdo y póngala en una fuente. Añada 1 tacita de azúcar, 2 yemas, media cucharadita de canela, el contenido de un tubo de vainilla, 1/2 vaso de vino blanco, 4 cucharadas de almendra molida, 1 cucharadita de levadura y trabaje hasta mezclarlo bien. Añada harina poco a poco hasta formar una masa floja. Extienda con el rodillo y corte las galletas. Cueza a horno fuerte.

### *Borrachinos*

Los **borrachinos**, que se pueden tomar tanto calientes como fríos, se hacen con 200 g de miga de pan (que debe ser de calidad y del día anterior), 4 huevos, 1/4 de litro de vino blanco, azúcar, canela en rama y aceite. Bata los huevos y mezcle con el pan y con una cucharada de azúcar. Fría cucharadas dc la mezcla en abundante aceite caliente. Déles forma de cilindro, dórclas bien y páselas a una cazuela. Ponga en un cazo medio litro abundante de agua, añada el vino, la canela y 250 g de azúcar, y cueza hasta que forme un almíbar ligero. Vierta el almíbar sobre los borrachinos y deje cocer a fuego lento una media hora.

## EL VINO EN LA REPOSTERÍA: BIZCOCHOS Y POSTRES TRADICIONALES

### *Bizcochos borrachos*

Para emborrachar un bizcocho puede optar por el licor que más le guste mezclado con almíbar. Sin embargo, también quedan deliciosos los bizcochos emborrachados con jerez o con un vino blanco dulce.

Los **bizcochos borrachos de Guadalajara** se elaboran batiendo 4 yemas con tres cucharadas de azúcar en una fuente. Añada las claras a punto de nieve y 150 g de harina tamizada. Vierta la mezcla en un molde alargado, engrasado con aceite y con un papel en el fondo. Cueza a horno moderado. Haga un almíbar con un vaso de vino blanco y una copa de manzanilla, una copa de agua y 250 g de azúcar. Corte el bizcocho en trozos cuadrados, remoje en el almíbar y espolvoree con canela.

## *Postres tradicionales*

**Picatostes** y pestiños son postres muy típicos. En el primero se aprovechan las sobras de pan para crear un postre muy especial y con gran sabor popular, mientras que el segundo, también muy fácil de elaborar, constituye un postre muy suave.

Para hacer los picatostes, ponga a remojar 6 rebanadas finas de pan duro en 1/4 de litro de leche fría. Báñelas con huevo batido y fríalas en aceite bien caliente. Colóquelas en una cazuela y añada 6 cucharadas de azúcar, un trozo de canela en caña y 1/4 de litro de vino blanco. Cueza unos 10 minutos.

Los **pestiños** se elaboran calentando en un cazo dos cucharadas de mantequilla, una copita de vino blanco y dos cucharadas de miel. Mezcle bien, pero no deje que hierva. Cuando forme una pasta fina añada 250 g de harina con una pizca de sal. Deje resposar durante unos 10 o 15 minutos. Ponga a hervir 200 g de miel con tres cucharadas de agua durante 10 minutos. Estire la masa con el rodillo y córtela en trozos ovalados. Fría en aceite caliente, bañe con la miel cocida y espolvoree con azúcar.

En España, el mayor consumo de vino embotellado de calidad se produce en el restaurante. En los últimos años se ha detectado un interés cada vez mayor en el vino y, también, un mayor conocimiento.

Para apreciar las virtudes de un vino debe presentarse correctamente. En el restaurante corresponde al **somelier** la misión dc armonizar platos y vinos y de encargarse de la bodega.

### *Funciones del somelier*

El somelier o sumiller debe **aconsejar al cliente** en función de sus gustos y de los platos que haya escogido. Por tanto, no tenga reparo en consultarle la conveniencia de acompañar un plato con un vino u otro.

El somelier colabora en las compras, elabora la carta de vinos y gestiona la cava (recepción, orden, seguimiento...).

Este profesional debe actuar con discreción y estar al servicio del cliente y atento a sus deseos sin familiaridades innecesarias: **el mejor servicio es el que pasa inadvertido**.

### *Algunos consejos*

Debido al aumento de la afición de las clases medias por la gastronomía, han surgido un gran número de restaurantes de diversas condiciones. No todos ellos ofrecen la garantía de una buena bodega. Hay algunas señales que indican qué restaurantes reúnen las condiciones adecuadas:

- **Desconfíe de las kilométricas cartas de vinos que permanecen invariables.** Un buen somelier renueva la bodega, adquiere nuevos vinos interesantes y no compra excesivas cantidades de la misma marca y añada. La bodega de un restaurante debe ser dinámica.
- **Compruebe que hay vinos de diversas regiones vinícolas** y que, además del nombre de la marca, aparece en la carta el de la bodega, la zona de producción, la variedad... Los detalles significan que el restaurante cuida sus vinos.
- Si una botella presenta **sabores y olores mohosos**, está picada o el vino no se corresponde a lo que razonablemente era de esperar, devuélvala.
- Si opta por el **vino de la casa**, desconfíe si tiene algunos años. Algunos restaurantes adquieren partidas muy cuantiosas de vino viejo porque resulta económico y, luego, las deficientes condiciones de almacenamiento provocan que se eche a perder.

## VINO Y SALUD

Muchos médicos han concluido que el vino, siempre que se consuma con moderación (dos o tres vasos con las comidas), tiene **efectos beneficiosos** sobre el organismo.

### *Beneficios cardiovasculares*

El alcohol del vino disminuye el índice de **colesterol LDL** (colesterol «malo»), mientras aumenta el **colesterol HDL** (el «bueno»). Además, el alcohol del vino fluidifica la sangre al inhibir la acción de las plaquetas sanguíneas y provoca una leve dilatación muscular.

Los polifenoles tienen una acción antioxidante sobre los radicales libres, por lo que pueden ayudar a **prevenir la arteriosclerosis**. Asimismo, estabilizan el colágeno y la elastina y poseen una acción protectora vascular.

### *Acción antioxidante*

La acción antioxidantc del vino mantiene elásticas y jóvenes las venas y las arterias, y al combatir los radicales libres, retarda también el envejecimiento general del cuerpo.

Su **riqueza en cinc** mejora el estado de la piel, favorece la cicatrización y estimula la energía sexual.

### *Acción digestiva*

La presencia de vino al principio de la comida favorece las secreciones estomacales y contribuye a estimular la función digestiva. El vino **estimula el apetito y tonifica**.

El vino posee **fibras solubles** como la pectina que desempeñan un importante papel en la absorción de glúcidos y lípidos en el intestino delgado.

### *Acción psíquica*

El vino es **rico en litio y magnesio**, minerales que facilitan el equilibrio psíquico y combaten el estrés. Tomado en cantidades razonables, tiene efectos eufóricos y relajantes.

De hecho, es el **tranquilizante** más antiguo que se conoce y favorece el sueño.

El vino estimula ligeramente la función respiratoria y **desarrolla la capacidad intelectual** porque provoca una excitación módica y transitoria de las células nerviosas de la corteza cerebral.

# 6. EL CAVA

## Historia del cava

En 1872, en Cataluña, Josep Raventós obtuvo un vino espumoso siguiendo el modelo francés. En 1898, su hijo Manuel inició la construcción de su bodega en Sant Sadurni d'Anoia y en ella elaboró el primer cava, el «Codorníu», enteramente basado en los métodos franceses que estudió en ese país. En una primera fase, su producción era de 3.000 botellas, pero pocos años más tarde, antes de la Primera Guerra Mundial, era de 300.000 botellas.

Actualmente, en la comarca catalana del **Penedès** se produce el 90 % del vino espumoso de toda España y las compañías de cava poseen una quinta parte de los viñedos de esta zona.

## *Cava y champán*

El cava aplica el método tradicional empleado por los espumosos de la región francesa de Champagne. El origen de estos métodos tradicionales se atribuye a Dom Pérignon, un sabio y caritativo bodeguero de la abadía benedictina de Hautvillers.

Antes, los vinos de la región francesa de Champagne, aunque muy diferentes, ya habían tenido una amplia aceptación y reconocimiento en diferentes épocas. Los antiguos romanos, acostumbrados a elaborar un pésimo vino mezclando el zumo de uva con agua de mar, resinas y almendras amargas, encontraban delicioso el vino alegre, ligero (en comparación con sus brebajes) y un poco ácido procedente de las Galias.

Los monjes de Champagne, además de poseer un talento especial para los vinos, también sabían promocionarlos. Los tres grandes reyes de la Cristiandad, Carlos I de España, Enrique VIII de Inglaterra y Francisco I de Francia, disfrutaron de estos vinos.

## *La intervención de Dom Pérignon*

Los vinos de Champagne tenían fama de ser obra de un espíritu maligno, ya que su tendencia a fermentar al llegar los primeros días cálidos del año provocaba la expulsión violenta del tapón. Dom Pérignon, con un **agudo sentido del gusto y el olfato** y un gran talento para las mezclas, elaboró con aquellos caldos una mezcla que dio origen al champán.

La **segunda aportación** de Dom Pérignon fue la adopción del tapón de corcho en lugar de los taponcs de madera. Con ello tapaba herméticamente las botellas y controlaba la segunda fermentación, imprescindible para elaborar el cava o el champán. En 1729 se estableció la casa Ruinart, la primera firma elaboradora de champanes.

La reputación del champán creció y, en 1774, fue la única bebida que se ofreció a los invitados de la fastuosa ceremonia de la coronación de Luis XVI y su joven esposa, María Antonieta.

Después de la caída de Napoleón, el champán se hizo famoso. Los soldados de las potencias europeas (Gran Bretaña, Prusia, Rusia y Austria) saquearon las cavas y descubrieron las excelencias de los sorprendentes vinos de la región de Champagne.

## ELABORACIÓN DEL CAVA

### *Cava y granvás*

Los vinos espumosos naturales son los que proceden de variedades adecuadas de uva y que contienen, a consecuencia de los métodos que se utilizan, gas carbónico de origen endógeno.

Los vinos espumosos naturales se dividen en:

- **Vino granvás.** Cuando la segunda fermentación ha tenido lugar en grandes envases cerrados herméticamente. De ellos se trasvasa a botellas para su comercialización.

- **Vinos de cava.** Cuando la segunda fermentación tiene lugar en la botella en la que transcurrirá todo el proceso de elaboración y crianza.

## *Variedades de uva*

En el Penedès se elaboran los cavas especialmente con las variedades **Xarel.lo, Parellada** y **Macabeo** («viura» en La Rioja). Intervienen también, aunque secundariamente, las variedades Monastrell y Garnacha, y cada vez más, la Pinot Noir y la Chardonnay, responsables del champán.

La Macabeo es la primera en madurar y da al cava un color y aroma delicados; la Xarel.lo compensa las carencias de acidez o graduación alcohólica, y la Parellada armoniza el vino con elegancia.

Los criadores de vino **seleccionan cuidadosamente las uvas**. Deben eliminarse los granos que hayan sufrido algún daño o los que todavía estén algo verdes. Durante la vendimia, las uvas se trasladan con mucho cuidado para que no se rompan y no se inicie una fermentación prematura.

## *Proceso de elaboración*

El **prensado** se lleva a cabo en seguida para obtener unos mostos lo más puros posible, sin oxidación y limpios de partículas sólidas. Durante el invierno, mediante sucesivos y repetidos trasvases, el líquido se depura para obtener un vino blanco, luminoso y transparente.

En la primavera se mezclan los vinos de la cosecha con los de reserva. De esta operación depende el éxito de la añada.

Los vinos limpios (entre 9,5 y 11,5 grados de alcohol) ya mezclados se ensucian de nuevo con sacarosa y levaduras para generar la **segunda fermentación en botella**.

Esta segunda fermentación tiene lugar con las botellas en posición horizontal y agrupadas en pilas (en rima) durante varios meses en las cavas. Las botellas se cierran herméticamente con tapones de corcho sujetos con grapas o con tapones de corona. La fermentación alcohólica forma anhídrido carbónico que se disuelve lentamente en el vino, produciendo la típica espuma.

Hasta el momento del **degüelle**, en que se expulsan los posos acumulados en el cuello de la botella, es necesario el **removido**, manual o automático, de las botellas; tras el degüelle se añade el vino o licor de expedición que marcará el grado de dulzor del cava.

## TIPOS DE CAVA

En un **cava joven** (como mínimo, nueve meses hasta el degüelle) predomina el olor a la fruta, mientras que en **cavas maduros y viejos** (de más de cuatro años) destacan los aromas evolucionados y las burbujas son finas y pausadas.

### *El licor de expedición*

El licor de expedición es una mezcla de vinos viejos, azúcar y una pequeña dosis de algunas infusiones o licores que cada elaborador guarda en secreto. Es necesario esperar uno o dos meses antes de consumir el cava para que se perfeccione la mezcla del vino con el licor y para que se asiente el tapón.

Gracias a la cantidad de licor de expedición se determinan los distintos tipos de cava:

- **Dulce.** Contiene más de 50 g de licor de expedición por litro.
- **Semiseco o semidulce.** Contiene de 30 a 50 g de licor por litro.
- **Seco.** Contiene hasta 30 g de licor por litro.
- **Brut.** Contiene hasta 20 g de licor por litro.
- **Nature.** No contiene licor de expedición y es el más seco.

En general, suelen apreciarse más y considerarse de mejor calidad los cavas secos y los brut, y sobre todo los nature, aunque éste no es grato a todos los paladares.

## *Algunos cavas destacados*

**Anna de Codorníu**. 11,5 grados. Limpio, brillante, con abundante burbuja, y aromas florales y frutales limpios y fragantes. Sabor fresco y delicado.
**Brut Barroco (Freixenet).** 12 grados. Aromas delicados y sabor suave y amplio. Fresco, agradable y equilibrado.
**Castellblanch Brut Zero Reserva**. 11,5 grados. Complejo, corpulento y con una gran personalidad. Elegante.
**Gramona Tres Lustros**. 11,5 grados. Aromas amplios y complejos, compuestos de fruta madura, cítricos y tostados. Buena estructura y sabor envolvente.

**Jaume Codorníu**. 11,5 grados. Con un inconfundible toque francés, ya que incorpora variedades chardonnay y pinot noir. Aromas muy finos y elegantes, con notas florales y de frutas blancas. Fino y equilibrado.
**Nadal Brut Especial**. 12 grados. Con aromas frutales y amplio en la boca.
**Raimat Chardonnay Extra Brut**. 11,5 grados. Aromas finos y complejos, amplio, fresco y sabroso
**Raventós Blanc Brut**. 11,5 grados. Aromas y sabores finos. Fuerte personalidad.
**Reserva de la Familia Extra Brut (Juvé i Camps).** 12 grados. Múltiples aromas terciarios, ahumados y de pan, frutos secos, manzana madura... Maduro y con un ligero punto de dulzor.

## SERVIR EL CAVA

Los mejores cavas se ponen a la venta después de tres o cinco años de la cosecha, cuando el vino ya ha desarrollado todas sus virtudes.

Es mejor **consumir el cava inmediatamente después de adquirirse**. Si debe guardarlo durante un tiempo, hágalo en una bodega o en una habitación de la casa donde la temperatura se mantenga entre 10 y 12 ºC, la iluminación sea discreta y exista un buen aislamiento, tranquilidad, humedad, ventilación... **Consérvelo en posición horizontal**.

Un buen cava, preferiblemente brut, puede tomarse como aperitivo, en los primeros platos y en los postres, e incluso un cava con gran clase puede acompañar por sí solo una comida, ya que esta bebida combina con todo tipo de sabores, ingredientes y preparaciones.

## *Descorche*

No agite la botella ni la cambie bruscamente de posición en ningún momento del proceso. Presente la botella antes de abrirla. Si ha sido enfriada con hielo, séquela con una servilleta. Tenga en cuenta que la botella enfriada en un cubo con hielo y agua adquiere una temperatura de 8 ºC en diez minutos. Puede enfriar el cava en la nevera, pero no use nunca el congelador.

Abra el bozal metálico y compruebe que el tapón no está a punto de saltar. En ese caso, retírelo en la misma operación. Retire el bozal cuidadosamente e incline la botella a 45º. Sostenga la botella con una mano y coloque el pulgar de la otra sobre el tapón.

En esta posición, **gire la botella agarrando el tapón y deje escapar el gas suavemente**. Si el tapón no sale, puede ayudarse de unas tenacillas especiales para abrir botellas de vino espumoso.

Seque el gollete con una servilleta limpia y huela el corcho para comprobar su estado. **Escancie un poco en una copa y cate**. Si está correcto, llene las copas (de flauta) hasta un máximo de 2/3 de su capacidad. Puede verter primero un dedo de líquido para evitar que rebose y, cuando la espuma remita, llenar el resto.

El cava debe servirse **sosteniendo la botella por su base**.

*Las copas*

La copa de cava debe ser tipo **flauta de forma esférica y boca muy ancha** para evitar encerrar el buqué o la formación de demasiada espuma. También se usa la **tulipa** que, además de no permitir que el gas se disperse de golpe, concentra mejor el aroma.

## CÓCTELES CON CAVA

*Bellini*

*3 o 4 melocotones.*
*Un poco de azúcar.*
*1 botella de cava brut.*

Haga un puré con los melocotones, enfríe muy bien el cava y remueva suavemente en un recipiente de ponche hasta que esté mezclado. Añada el azúcar y sirva en vasos elegantes. Es un cóctel **muy refrescante**.

*Black Velvet*

*Cava brut de buena calidad.*
*Cerveza bitter stout (Guinnes, Murphy o Beanish).*

Enfríe todos los ingredientes y viértalos al mismo tiempo en una jarra grande. Decante en los vasos más altos que pueda encontrar. Es una bebida adecuada para una **fiesta veraniega**.

### *Openday*

*50 % de zumo de piña.*
*50 % de cava brut.*

En una copa grande con hielo, mezcle el zumo de piña con el cava muy frío. Es una bebida muy suave, **ligera y refrescante**.

### *Normando*

*1/2 copa de calvados.*
*Cava brut.*

En una copa de flauta, vierta el calvados con un pequeño cubito de hielo. Acabe de llenar la copa con el cava bien frío. Constituye una **mezcla original**.

### *Cóctel de cava*

*2 partes de cava.*
*1 parte de vodka.*
*1 parte de coñac.*
*Un golpe de Grand Marnier.*

En una copa ancha, ponga unos granos de uva y una cereza. Incorpore el cava, el vodka, el coñac y el Grand Marnier. Este cóctel es adecuado **para tomar en invierno**.

### *Davidoff*

*Licor de pera.*
*Ginebra.*
*Cava brut.*

En una copa de flauta con cubitos de hielo, vierta un poco de licor de pera y ginebra, al gusto, y acabe de llenar con cava. **Seco y aromático**.

### *Rapsodia*

*1 parte de zumo de naranja natural.*
*1 parte de cava brut.*
*2 golpes de Cointreau.*

En una copa grande con hielo, añada el zumo de naranja, el cava muy frío y el Cointreau. **Refrescante**.

## *Sorbetes*

Una botella de cava brut puede ser la base de un **sorbete de cava.** Ponga a hervir 2 dl de agua junto con 200 g de azúcar y un trozo de corteza de limón durante unos cinco minutos. Retire del fuego, deje enfriar, cuele y mezcle con el zumo de dos limones y la botella de cava. Póngalo en el congelador, removiendo de cuando en cuando. Cuando esté a medio hacer, mezcle con dos claras de huevo batidas a punto de nieve. Remueva suavemente de arriba abajo para no bajar las claras y ponga de nuevo en el congelador hasta el momento de servir.

Una variante puede ser el **sorbete de piña al cava.** Limpie una piña y córtela en trozos. Bata con el zumo de dos limones hasta que forme un puré fino. Haga un almíbar con 1 dl de agua, un trozo de cáscara de limón y 250 g de azúcar. Deje cocer durante siete minutos.

Una vez frío, mezcle con el puré de piña y agregue una botella de cava semiseco. Ponga en el congelador, removiendo de vez en cuando si no tiene heladera.

El cava también combina muy bien con **melón.**

## *Granizados*

Atrévase a servir un **granizado de cava** o un **granizado de vino blanco.** Ponga a cocer, durante cinco minutos, 3/4 de litro de agua con 125 g de azúcar y un trozo de corteza de limón. Cuando esté frío, mezcle con 1/2 litro de vino blanco o el cava y el zumo de dos limones. Reserve un vaso y ponga el resto en el congelador en un recipiente de metal.

Cuando lo vaya a servir, píquelo, repártalo en copas y añada a cada una un poco del líquido reservado

*Sorbete de cava y cítricos*

*3 limones.*
*3 naranjas.*
*150 g de azúcar.*
*3 claras de huevo.*
*1 botella de cava seco.*
*1/2 litro de agua.*

Exprima los limones y las naranjas y viértalos en un recipiente grande. Añada el agua, el azúcar y el cava y remueva hasta que el azúcar esté bien disuelto. Pase esta mezcla por un colador fino.

Bata las claras a punto de nieve muy firmemente y añádalas con cuidado a la preparación anterior. Vierta en un recipiente y póngalo en el congelador. Bata varias veces. Puede añadir una copa de jerez seco cuando esté casi hecho.

## LAS FRUTAS Y EL CAVA

El cava combina maravillosamente con muchos postres fríos, sobre todo si se incluyen frutas como el melón, la piña, la sandía, la fresa, el kiwi, la naranja, la pera...

Alegre la mesa con un elegante y suculento **melón relle-**

**no.** Use para ello cuatro melones pequeños del tipo cantalupo, cortados por la mitad. Retire las semillas y vacíelos cuidadosamente. Corte la pulpa en dados. Lave y corte el resto de la fruta, que servirá de relleno: 300 g de fresones, cortado en laminas; 4 rodajas de piña en almíbar y 2 melocotones en almíbar, cortados a trozos, y 2 kiwis, también troceados.

Disponga los trozos de pulpa en un bol y rocíe con el zumo de un limón. Espolvoree 50 g de azúcar y riegue con una copa de cava. Mezcle bien. Rellene los melones con las frutas y adorne con las hojas de menta.

Una macedonia que también resulta exquisita combina **fresas y frambuesas.** Corte 1 kg de fresas por la mitad y mézclelas en un bol con 200 g de frambuesas. Vierta una copa de cava semiseco por encima y deje macerar durante dos horas en la nevera. Remueva de vez en cuando. Añada tres cucharadas de azúcar, remueva y sirva en copas. Puede acompañar esta macedonia con sorbete de cava.

### *Frutas al cava*

*1 naranja.*
*1 manzana ácida.*
*1 manzana roja.*
*2 peras.*
*100 g de frambuesas.*
*2 kiwis.*
*1 copa de kirsch.*
*1 vaso de agua.*
*1 vaso de azúcar.*

*2 vasos de cava.*
*Hojas de menta fresca.*

Disuelva el azúcar en el agua y cueza a fuego vivo durante cinco minutos hasta que consiga un almíbar. Retire del fuego, añada el cava y el kirsch, lave la naranja y córtela en rodajas muy finas. Pártalas por la mitad.

Pele los melocotones y las peras, quíteles el hueso y haga gajos muy finos. Saque el centro a las manzanas, lávelas y córtelas en medias rodajas finas; pele los kiwis y córtelos en rodajas. Lave las frambuesas y triture unas cuantas. Cuele este zumo sobre el almíbar.

Ponga todas las frutas (excepto el kiwi) en una ensaladera y cubra con el almíbar de cava. Deje macerar en la nevera unas cuatro horas. En el momento de servir, añada el kiwi y adorne con el resto de grosellas y con una ramita de menta.

# 7. DENOMINACIONES DE ORIGEN EN ESPAÑA: ANDALUCÍA

## Condado de Huelva

Lo constituyen 17 municipios de la provincia de Huelva que abarcan desde los límites de la capital hasta los del coto de Doñana, en la vertiente occidental del Guadalquivir. Es la DO más occidental de Andalucía.

La mayoría de los viñedos de la DO se encuentran en los alrededores de la ciudad de **Bollullos del Condado**, en la carretera de Sevilla a Huelva.

Esta zona consta de unas 10.500 ha, compuestas de tierras arenosas de una elevada permeabilidad. Predominan los suelos de arena rojiza y los viñedos están situados en llanuras bajas, muchas veces tan sólo 25 m sobre el nivel del mar.

El clima es templado y relativamente húmedo debido a

la influencia de los vientos del oeste y sudoeste y a la elevada pluviosidad media.

Las cepas **Zalema**, que es una uva local, **Palomino** y **Listán** son la base del viñedo.

## *Características de los vinos*

Los vinos jóvenes de esta comarca son **blancos y secos de poca graduación, aromáticos y afrutados,** y muy característicos. Están elaborados con la suave Zalema y pueden ser secos, semisecos, semidulces y dulces.

Debido a que se trata de una zona calurosa, la elaboración de estos vinos ligeros no es nada fácil. A pesar de la vendimia temprana en agosto, la zalema a menudo se oxida y se estropea a no ser que se tomen muchas precauciones en la vendimia y en la vinificación.

Los vinos más conocidos son los tradicionales:

- **Condado Pálido.** Oloroso ideal para aperitivos.
- **Condado Viejo.** Recuerda a la Raya de Jerez, aunque es más dulce y de menor graduación.

Estos vinos se consumen principalmente en la zona en que se producen, porque los vinos de la vecina Jerez los han eclipsado.

## *Vinos destacados*

**Doceañero Oloroso**. Vino seco de color caoba oscuro y con matices acaramelados, tostados y viejos.

**Viña Joli Dulce**. Vino dulce de color oro viejo y aroma de mistela vieja.

## JEREZ-XÉRES-SHERRY Y MANZANILLA-SAN LÚCAR DE BARRAMEDA

Se cultivan cepas Palomino de Jerez y Palomino Fino (95 % de la producción), además de Pedro Ximénez y Moscatel.

Esta zona extremadamente calurosa (40 ºC en agosto) se beneficia de las brisas suaves y refrescantes del océano Atlántico, que atemperan el clima.

El carácter singular de los vinos de Jerez está provocado por el suelo calizo especial de la región, la **albariza**.

### *Características de los vinos*

**Fino.** Color oro pálido. Es un vino seco abundante en aromas, con tonalidades de almendra, ideal como aperitivo y para acompañar mariscos y entremeses.
**Manzanilla.** Color oro pálido. Es un fino ligero y suave que se elabora en Sanlúcar de Barrameda. La humedad que proporciona el Atlántico es la causante de su suavidad y su aroma yodado.
**Amontillado.** Color ámbar y oro moreno. Muy rico en matices, y suave y seco al paladar. Su crianza es compleja.
**Pedro Ximénez.** Color rubí oscuro. Sabor a uvas pasas. Dulce y de aromas embriagadores es excelente para los postres.
**Oloroso.** Caoba oscuro y aroma poderoso y penetrante. Mucho cuerpo, seco y aterciopelado.

**Moscatel.** Color caoba claro. Vino dulce.
**Palo cortado.** Mezcla de oloroso y amontillado. Alta graduación.
**Raya.** Oloroso de menor calidad.

### *Vinos destacados*

**Amontillado del Duque.** Uno de los mejores vinos del mundo en su género. Elegante y potente oloroso de bello color caoba.
**Amontillado 51 1ª**. Un vino caro y raro de encontrar, pero exquisito.
**Bristol Cream.** Oloroso de color amarillo. Aromas complejos de madera, confitura de naranjas, avellanas, higos... Elegante, meloso y equilibrado.
**Coquinero.** Amontillado bueno y goloso. Elegante y con tonos tostados, de frutos secos, y un largo posgusto que recuerda al café.
**Don Zoilo.** Fino de sabor armonioso y persistente. Elegante, limpio y redondo.
**Manzanilla Eva**. Aromas muy intensos y punzantes, con notas almendradas y salinas. Sabor muy elegante y suave.
**San León.** Manzanilla de aromas complejos de almendra amarga, piñones, resina... Amplio y potente en la boca.
**Victoria.** Fino de color Amarillo pajizo. Fresco, sabroso, limpio y de final amargoso.

Actualmente, debido a desastres como la filoxera, que hizo famosa a Málaga por ser la primera ciudad española en ser atacada por la plaga, y a la destrucción de la ciudad durante la Guerra Civil española, esta DO es de las más pequeñas del país. Cuenta sólo con 12.000 ha de viñas (de las que sólo una parte se dedica a la vinificación), frente a las 113.000 ha de antes de la devastación producida por la filoxera.

Los gustos en cuanto a vinos también han cambiado, lo que no ha beneficiado a la recuperación de la zona.

Las únicas variedades de la zona son la **Pedro Ximénez** y la **Moscatel**. Con ellas se elabora una gran variedad de vinos de postre.

Los viñedos están situados al oeste de la región, alrededor de Estepona (aunque las uvas Moscatel de esta zona se destinan a postre), de la ciudad de Málaga y en la meseta de Antequera, cerca de Molina.

El reglamento de la DO clasifica los vinos malagueños atendiendo a tres factores: azúcares, color y origen de los mostos. Esto da lugar a una amplia variedad de vinos.

La graduación alcohólica oscila entre **15 y 23 grados**.

## *Características de los vinos*

**Málaga dulce.** De color ambarino debido a la adición de arrope.

**Lágrima de Moscatel.** De gran finura. Se obtiene del mosto sin prensar, por destilación natural del montón de uva en la lagareta.

**Málaga Pedro Ximénez.** Vino procedente de la uva del mismo nombre, de color oscuro con reflejos rojizos. Excepcional cuando es trasañejo.

**Moscatel.** Vino de color tabaco característico, elaborado con la uva del mismo nombre. Es ligero y con frescor a uva.

**Málaga pajarete.** Vino semidulce de color ámbar oscuro.

**Málaga seco.** Una excepción a lo dulce, de un color entre amarillo pálido y ámbar, dependiendo de la edad.

### *Vinos destacados*

**Cartojal.** Moscatel dorado de aromas florales y con toques de miel, frutas y cítricos.

**Benefique.** Aromas muy intensos. Oloroso de color amarillo leonado. Elegante, redondo y sin defectos.

## MONTILLA-MORILES

Esta DO de extiende por la provincia de Córdoba. Se elaboran vinos blancos a partir de cinco variedades de cepa: Pedro Ximénez, Baladí, Lairén, Moscatel y Torrontés. Los que gozan de más fama son los de tipo **generoso**.

El conjunto de la DO comprende 17 municipios en los que se cultivan 23.500 ha de viñedos. Los suelos son calcáreos, (alberos), idóneos para el cultivo de la vid, al igual que el clima.

Esta zona de clima mediterráneo produce vinos parecidos a los de Jerez, aunque con una personalidad diferenciada. El **Montilla** es un vino con aromas de interior, romero, tomillo y monte bajo, y los gustos son más avellanados.

Los vinos de Montilla tienen más cuerpo y una mayor graduación alcohólica: 15º naturales.

También se producen **vinos blancos jóvenes o envejecidos**.

## *Características de los vinos*

Los vinos más significativos de esta región al sudeste de Córdoba son:

**Olorosos.** De color caoba, aterciopelados y aromáticos.
**Palos cortados.** Semejantes a los amontillados en su aroma y a los olorosos en sabor y color.
**Rayas.** Parecidos a los olorosos, pero con menor paladar y aroma.

## *Vinos destacados*

**Asunción Abocado**. Oloroso de color ámbar rojizo y con aromas de pastelería, de crema y de canela.
**Benavides.** Fino de color amarillo pálido, con reflejos ambarinos y aromas de frutos secos y almendra amarga. Deje final amargoso que le confiere elegancia.
**Boabdil viejísimo.** Amontillado de color amarillo, con matices ambarinos. Vino cálido y rico, muy seco en boca y con sabores de frutos secos.
**Faraón.** Amontillado con buqué terciario de crianza en barrica, destacan matices de turrón, piñones, pasas. Sabor potente y elegante.

**Gracia Pedro Ximénez.** Vino dulce de color caoba pálido con reflejos anaranjados. Complejo y armónico. Muy goloso en boca con notas de tostados y arrope.

# 8. DENOMINACIONES DE ORIGEN EN ESPAÑA: ARAGÓN

## CALATAYUD

Se encuentra en el ángulo suroccidental de la provincia de Zaragoza, al oeste de Cariñena, y acordonada por varias cadenas montañosas. Esta DO data de 1990.

Se cultivan 19.000 ha de viñedo, con un clima y suelo más favorables que en el resto de Aragón. Predominan la tinta **Garnacha** y la blanca **Macabeo**, que aquí se conoce como Viura.

También se cultiva un poco de Tempranillo, Monastrell y Mazuelo, en cuanto a tintas, y algo de Malvasía, Moscatel y Garnacha blancas.

## *Características de los vinos*

Se elaboran vinos **tintos, blancos y rosados suaves y de perfumada fragancia**, alejados de los tradicionales vinos aragoneses duros, pesados y alcohólicos. Los rosados son muy acertados.

El interés por los graneles está decreciendo y se tiende a vinificaciones modernas y muy competitivas en cuanto a precios. Calatayud está intentando compaginar la tipicidad dc sus vinos con una concepción moderna y la calidad.

La mayoría de los vinos de Aragón eran tintos fuertes de Garnacha con un elevado grado alcohólico. La Garnacha es una uva que madura fácilmente y se vuelve muy dulce; si no se vendimia tan pronto madura, el azúcar se acumula y se convierte posteriormente en grados de alcohol.

## *Vinos destacados*

**Marqués de Nombrevilla.** Vino rosado de vistoso color rojo frambuesa con toques de carmín. Aromas frescos con notas de hinojo y final con notas frutales.

**Monte Armantes.** Vino rosado muy afrutado con aroma fresco, muy ligero.

**Castillo de Maluenda 92.** Tinto rojo cereza, suave pese a sus 13°. Notas de fruta complementadas por madera, vainilla y cacao.

**Estecillo.** Tinto de color cereza oscuro. Aroma a uvas y frutas maduras. Sabroso y carnoso.

Se encuentra en el extremo sur de la gran DO Navarra, a lo largo de la orilla derecha del río Ebro, a unos 60 km al oeste de Zaragoza.

Consta de unas 10.000 ha de viñedos en los que predomina la tinta **Garnacha** (un 80 %), aunque también se cultiva Tempranillo y Cabernet Sauvignon, y las blancas Macabeo y Moscatel.

Borja es el principal centro urbano, aunque la sede del Consejo Regulador se encuentra en Ainzón.

Campo de Borja tiene un **clima continental severo**. En invierno, las temperaturas pueden llegar a –7 ºC, mientras que los veranos son secos y calurosos y se alcanzan fácilmente los 40 ºC.

Además, la zona se enfrenta a heladas primaverales tardías que agrietan la tierra y ponen en peligro los brotes, y a un viento severo que sopla de los Pirineos (cierzo).

## *Características de los vinos*

Se trata de una DO joven aunque con mucha tradición vinícola. Predominan los **tintos y rosados muy gratos, afrutados y con cuerpo**, y muy equilibrados. La graduación es relativamente alta y tienen una personalidad muy marcada. Son vinos vigorosos y corpulentos.

Los rosados y los blancos Viura son afrutados y de hermoso color.

El Consejo Regulador exige un mínimo de 10,5º de alcohol para los blancos y de 13º para los tintos.

**Borsao 94.** Éste es un vino tinto de color rojo púrpura, limpio y brillante, con aromas frutales y florales, fresco y bastante sabroso.
**Borsao 96.** Tinto de color rojo picota de capa alta. Aromas de frutos rojos, violetas y fruta en compota. Frutoso, fresco, rico en taninos y con buena armadura.
**Don Pablo Reserva 80.** Tinto de color rojo rubí, con matices anaranjados, y aromas terciarios con notas de humo, piel de naranja confitada, musgo y cacao. Final de boca astringente.
**Viña Ainzón reserva 87.** Tinto de color rojo rubí, muy limpio, con aromas terciarios especiados y de herbolario. Persistente y bien constituido.

## Cariñena

Esta tradicional DO está integrada por 14 municipios del sur de la provincia de Zaragoza. En ella se elaboran vinos jóvenes y alegres, equilibrados vinos de crianza, y elegantes y complejos reservas.

La superficie dedicada al cultivo de la vid es de 21.000 ha, que producen cerca de 40 millones de litros.

Los suelos son áridos y altamente permeables, la pluviosidad es escasa y la comarca cuenta con muchas horas de insolación.

La mayoría de viñedos se sitúan en mesetas onduladas con suelos de piedra caliza de color marrón rojizo

Se cultivan las variedades Garnacha tinta, Cariñena (Mazuela) y Juan Ibáñez, entre las tintas, y las blancas Viura y Garnacha blanca.

## *Características de los vinos*

Cariñena produce todo tipo de vinos, aunque todavía se cierne sobre ella el sambenito de los vinos recios y peleones.

Los tintos son tradicionalmente muy intensos de color, con mucho cuerpo y paladar profundo, violáceos cuando son jóvenes y rubíes con tonos anaranjados cuando envejecen; los blancos son los típicos de la uva Macabeo. Los rosados son afrutados, suaves y muy agradables.

Son recomendables los **blancos** de Balbino Lacosta, Senda Lasarda, Viña Velerma y Monasterio de las Viñas. En vinos **tintos** destacan Senda Lasarda, Viña Velerma, Valdemadera, Monasterio de las Viñas y Monteviejo...

Destacan, asimismo, los vinos rancios de largo envejecimiento en barrica, que alcanzan los 20º y constituyen excelentes vinos de postre.

## *Vinos destacados*

**Monasterio de las Viñas Crianza 1988.** Tinto de color rubí con matiz anaranjado. Rasgos de Garnacha en evolución y matices de pimienta. Graso y genuino en boca.

**Monasterio de las Viñas Reserva 1987.** Color rubí teja, aroma fino y delicado con matices de tabaco y pimienta. Redondeado.

**Marqués de Ballesar Crianza 91.** Tinto de color rubí inten-

so, aromas con marcado carácter de roble nuevo. Vino con cuerpo, potente y sabroso, y bien equilibrado.
**Viña Vadima 95.** Tinto de color cereza intenso con reflejos violáceos. Aroma muy afrutado, con excelente carácter de Garnacha y matices de moras maduras y pimienta. Potente, sabroso y carnoso en boca.

## SOMONTANO

Constituyen unas 3.000 ha de viñas en las que se cultivan las tintas Garnacha, Moristrell, Tempranillo y Parreleta, y las blancas Macabeo, Garnacha blanca y Alcañón. La zona vendimia unos 3,5 millones de kilos de uva al año.

Es una área en evolución que elabora **tintos muy característicos,** elegantes y con un perfil moderno, y **rosados sabrosos, frescos y afrutados**.

A los abundantes vientos fríos de esta zona se oponen las numerosas horas de sol, que propician una temperatura media anual de 11 ºC.

### *Características de los vinos*

Los tintos tienen buena estructura, una gran riqueza de aromas y envejecen bien, mientras que los blancos son vinos de poco cuerpo, frescos, afrutados y muy pálidos. Los rosados también son sabrosos y frescos.

Son recomendables los **tintos** Monasterio del Pueyo, Señorío de Lazán, Lalanne, Laura Lalanne, Duque de Azara...

Los **blancos y rosados** son también muy destacables:

Montesierra, Monasterio del Pueyo, San Lorenzo, Campo de San Juan, Laura Lalanne, Val de Vos, Enate y Viñas del Vero (este último con variedades Chardonnay, Riesling y Gewürztraminer).

## *Vinos destacados*

**Laura Lalanne 89.** Rojo cereza madura, limpio y brillante. Aromas cálidos de melocotón y mantequilla sobre un fondo de madera nueva. En boca destacan la fruta madura y las especias.
**Montesierra 95.** Rosado muy expresivo de color fresa. Intensos aromas frutales y muy intenso en boca.
**Montesierra Macabeo Vendimia Tardía 95.** Vino blanco de color amarillo dorado con matices verde oliva. Vino elegante, fino, complejo, con aromas florales y minerales. Bien equilibrado y con toques finales de frutos secos.
**Señorío de Lazán 88.** Tinto de color rojo rubí, limpio y brillante. Aromas complejos y frutales. Sabor cálido, frutal y sedoso. Muy grato en boca
**Señorío de Lazán Reserva 90.** Tinto de color rojo cereza con matices rubíes. Aromas terciarios de crianza, notas de fruta madura, toques mentolados y especiados. Cálido y goloso.
**Viñas del Vero Tempranillo 96.** Tinto de color rojo púrpura. Aromas primarios a frutos rojos y pimiento. Bien estructurado y muy equilibrado.

# 9. DENOMINACIONES DE ORIGEN EN ESPAÑA: BALEARES

## Binissalem

Esta región se encuentra en el centro de la isla de Mallorca. Sus vinos son de acusada personalidad y estilo, ya que se elaboran con variedades autóctonas como **Manto Negro** y **Callet** (tintas) o **Moll** (blancas). También se cultiva Tempranillo, Monastrall, Parellada y Macabeo, y se ha introducido alguna variedad extranjera.

El esplendor de la industria vitivinícola se produjo en Mallorca a raíz de la ruina del viñedo francés en la segunda mitad del siglo pasado. Actualmente, pasado el esplendor de antaño, la DO Binissalem ocupa unas 500 ha de viñedo de las 3.000 ha que se cultivan en la isla.

El clima es mediterráneo, con pluviosidad media y abundancia de sol, lo que unido a las buenas condiciones de suelos calizos y pedregosos, convierten a esta comarca en una excelente zona para la elaboración de vinos.

### *Características de los vinos*

Baleares es productora tradicional de vinos tintos, mayoritariamente de crianza de dos años, que suelen alcanzar los 12,5º. Son vinos con **buen cuerpo, redondos y con un color intenso**.

También se elaboran blancos y rosados afrutados, frescos y muy fáciles de beber.

### *Vinos destacados*

**Herederos de Ribas 92.** Tinto de color rojo rubí con ribetes teja. Aromas con cierta complejidad, toques especiados y mentolados. Vino sabroso con buena estructura.

**Herederos de Ribas Crianza 93.** Tinto de color cereza oscuro con ribete granate. Algo corto, mejora en boca con sabrosos sabores a taninos, fruta y madera.

**Jaume de Puntiró 95.** Vino blanco de color amarillo pálido y aroma floral delicado. Muy sabroso en boca y con un sutil despliegue de matices.

**José L. Ferrer 94**. Vino blanco de color amarillo pajizo con matices dorados. Aromas de manzanas verdes y uva. Vino ligero y fresco.

# 10. DENOMINACIONES DE ORIGEN EN ESPAÑA: CANARIAS

## TACORONTE-ACENTEJO

Situada al norte de Tenerife, esta franja es la zona vitícola más desarrollada de las islas. Como en el resto de zonas de Canarias en que se elaboran vinos (desconocidas en la península porque su consumo se centra en las islas), produce **vinos de una marcada personalidad** en los que entran variedades autóctonas como las blancas **Listán o Bermejuela** y las tintas **Negramoll y Listán tinta**.

Las aproximadamente 600 ha de viñedos se extienden por los municipios de Tacoronte, Tegueste, Santa Úrsula, Matanza, La Victoria y el Sauzal.

El total de superficie cultivada en las islas es de 11.500 ha. Los suelos son de composición variada, con abundancia de lavas recientes en zonas altas o cercanas al nivel del mar.

El clima es templado, pero varía según la procedencia de los vientos.

## *Características de los vinos*

Tradicionalmente, los vinos canarios han sido vinos jóvenes. Además de la DO Tacoronte-Acentejo, que tiene una elaboración más cuidada, también destacan los de Fuencaliente o los del Valle de Orotava.

Los **blancos aromáticos y afrutados** tienen su feudo en la zona del Valle de Orotava, mientras que La Gomera produce blancos con mucho cuerpo y alta graduación.

## *Vinos destacados*

**El Lomo 95.** Tinto de color cereza oscuro con ribete violáceo. Marcado aroma a frutas y a vegetales frescos. Sabroso y carnoso en boca.
**Hollera Monje 95.** Tinto de color cereza oscuro, intenso aroma varietal a zarzal, frutos rojos y minerales. Muy original, sabroso y carnoso.
**Viña Norte 92.** Tinto de color rojo cereza con notas violáceas. Aromas y sabor especiados, de pimienta y clavo. Final de boca ligeramente amargo.
**Viña Norte.** Vino blanco de color amarillo pajizo, potentes aromas frutales con recuerdos de frutas exóticas y matorral. Muy equilibrado y sabroso. Frutal.

# 11. DENOMINACIONES DE ORIGEN EN ESPAÑA: CASTILLA-LA MANCHA

## ALMANSA

Esta región se encuentra en la provincia de Albacete, empieza a pocos kilómetros de su capital y se extiende hacia levante a ambos lados de la carretera N-430, en dirección a Valencia. Abarca los municipios de Ayora, Almansa y Chinchilla.

Aunque el reglamento de esta DO data de 1975, existe un número escaso de bodegas y la región se dedica a las producciones a granel. Sin embargo, hay buenos vinos dignos de atención, con una **relación calidad-precio muy destacable**.

Los vinos son recios, secos, de color rojo rubí y elevada graduación alcohólica.

El clima manchego es muy duro: en verano, las temperaturas llegan a los 44 ºC y en invierno descienden hasta los 15 o 20 ºC bajo cero. Las lluvias, además, son muy escasas. Por este motivo, el cultivo de las 10.000 ha de viñedo es duro y, a menudo, depara desagradables sorpresas.

Se utilizan cepas Garnacha, Tintorera, Monastrell y la blanca Merseguera.

## *Características de los vinos*

Los **vinos tintos son muy cubiertos, con mucho cuerpo** y un color rubí muy bello. Tienen una elevada graduación alcohólica, aunque la tendencia actual es reducirla para destacar los aromas y facilitar la crianza. Son notables los **rosados secos, muy vivos y de acidez mediana**.

Destacan las bodegas Piqueras, con sus gama de blancos, claretes, rosados y tintos; Castillo de Almansa y Marius, y también los Señorío de Almansa de Bodegas Abellán.

## *Vinos destacados*

**Castillo de Almansa 94.** Tinto de color fresa pálido y matices cobrizos. Notas secundarias de fresas, plátano y regaliz. Expresivo en boca, goloso y fácil de beber

**Castillo de Almansa Reserva 1988.** Tinto de color rubí cereza. Muy expresivo tanto en nariz como en boca. Aromas a frutos maduros y frutales.

**Castillo de Almansa Gran Reserva 86.** Tinto de color rojo cereza, limpio y brillante. Aromas terciarios de clavo y pimienta, notas mentoladas. Equilibrado.

En esta DO se encuentra la concentración de viñedos más grande del mundo, con casi 500.000 ha.

Anteriormente se incluía dentro de la DO La Mancha a Valdepeñas, Almansa, Méntrida y vinos de Madrid, aunque actualmente sus caminos se han diversificado.

La Airén es la uva más típica, aunque también hay Macabeo, Pardilla y Verdocho para los vinos blancos, y Cencibel, Garnacha tinta y Cabernet Sauvignon para los tintos.

## *Características de los vinos*

Aunque es la **gran región del vino a granel**, existen vinos muy apreciables. Se producen vinos blancos francos, y rosados y tintos limpios, brillantes y de muy grato paladar.

Destacan especialmente vinos como Castillo de Alhambra y Castillo de Manzanares, Señorío de Guadianeja, Árboles de Castillejo, Viña Cueva, Vega Zacatena, etc.

En blancos, cabe mencionar Campo Alaina, Vega Zacatena, Torres Filoso, Lazarillo, Yuntero, Lorencete, Armiño...

## *Vinos destacados*

**Allozo Crianza 91.** Tinto de color rojo granate con matiz violeta. Aromas amplios con notas de frutas rojas, lácticas y un fondo especiado. Frutal y fresco, es un vino quc puede evolucionar.

**Árboles de Castillejo 86.** Tinto de color rojo granate intenso con notas violáceas. Aroma limpio, sabor meloso y estructura sedosa. Frutal.

**Castillo de Alhambra 92.** Tinto de color cereza picota, limpio y brillante. Aromas intensos a fruta con notas de fresa madura y fondo especiado. Sabor limpio y afrutado, y marcada acidez.

**Castillo de Manzanares 94.** Vino blanco de color amarillo pajizo con reflejos dorados. Sabroso en boca y con aromas limpios de roble, tostado, ahumado y frutales en nariz.

**Don Eugenio Crianza 85.** Tinto de color rojo picota con tonalidades granates. Aromas de fruta madura y cerezas, presencia de sotobosque. En boca es muy maduro y con notas de calabaza.

**Lazarillo 96.** Tinto de color rojo púrpura de capa alta. Limpio en nariz, con aromas de frutos rojos y florales. Bien constituido y agradablemente ácido.

**Señorío de Guadianeja Reserva 84.** Tinto rojo rubí con notas teja. Notas vegetales y especiadas. Cálido y ligeramente tánico en boca.

**Yuntero Reserva 1989.** Tinto color cereza. Aromas de fruta madura y buena crianza. Sabroso y frutal en boca.

## MÉNTRIDA

Esta zona del norte de la provincia de Toledo produce vinos tintos de **elevada graduación alcohólica**, con fuerte color y ricos en taninos. Tienen un buen paladar y son vinos frutosos y sabrosos. Los rosados, también de elevada graduación, son de aroma afrutado y agradable color.

Cuenta con 33.000 ha de cepas de **Garnacha tinta** (80 % del total), Cencibel o tinto fino, y Tinta de Madrid o tinto basto. Esta DO es una continuación geográfica por el sur de las zonas madrileñas de Navalcarnero y San Martín de Valdeiglesias.

Entre sus numerosos municipios, además de Méntrida, destacan Almorox, Torrijos, Fuensalida, Valmojado, Escalona y Maqueda.

El suclo de la zona es muy arenoso, y el clima, continental, con temperaturas extremas y una pluviosidad media.

Constituye una **región en desarrollo** a la que todavía le falta un largo camino por recorrer.

## *Características de los vinos*

Los vinos de la zona tienen una altísima graduación alcohólica (entre 14 y 18º), un hermoso color y un buen paladar. Los rosados son sabrosos, y también con un color y una graduación notables (entre 13 y 18º).

Son recomendables el Fortitudo y el Campo de Macarenta, tanto rosados como tintos.

## *Zonas de Navalcarnero y San Martín*

Son zonas pertenecientes a la DO Vinos de Madrid que presentan características muy parecidas a la DO Méntrida, aunque sus vinos son de menor graduación alcohólica.

Los suelos son pardos, arenosos y permeables, y el clima es continental, con lluvias no demasiado abundantes. La zona de Navalcarnero, situada en la cuenca del Guadarrama, y la de San Martín de Valdeiglesias, en la parte suroriental de la sierra de Gredos, producen vinos muy interesantes.

Los tintos y rosados de Garnacha de San Martín, sabrosos y de un color hermoso, han sido los vinos más apreciados en la **corte madrileña** durante siglos, mientras que los blancos de Albillo son también vinos notables, aromáticos, de alta graduación y de un bello color dorado. Los tintos de Garnacha de Navalcarnero poseen mucho cuerpo y color.

## VALDEPEÑAS

En sus 35.000 ha de viñedo predominan la blanca **Airén** y la tinta **Cencibel**. Los viñedos se extienden por terrenos situados entre 600 y 900 m sobre el nivel del mar.

El valle que surca el río Jabalón se encuentra abrazado por la DO La Mancha, que se halla al norte. Estas características, más las cualidades del suelo, contribuyen decisivamente a dar personalidad a los vinos.

Los vinicultores más progresistas están introduciendo experimentalmente Chardonnay y Cabernet Sauvignon.

Se elaboran vinos blancos y francos de moderada graduación y suavemente aromáticos, y vinos tintos bien armados que, en su madurez, combinan la suavidad con los caracteres varietales.

### *Características de los vinos*

Los **vinos tintos** pueden ser neutros, brillantes y de delicado aroma, o mucho más intensos de color y con un buen cuerpo. Estos últimos suelen consumirse jóvenes, aunque son muy apropiados para el envejecimiento.

Los **blancos** son ligeros, francos, frescos y de aromas sutiles.

Destacan Los Molinos, Soldapeñas, Viña Albali, Viña Grande, Montecruz, Fernando Mejía y Vegaval, la mayoría de ellos en blancos y en tintos.

## *Vinos destacados*

**Casa de la Viña 92.** Tinto con variedad Cencibel. Color rubí muy vistoso, aromas francos y frutales, especiados. Excelente equilibrio entre acidez, cuerpo y grado.
**Casa de la Viña 96.** Rosado con un 100 % de Cencibel. Color rosa grosella. Aromas de fruta confitada y herbáceos frescos. Fresco, bien estructurado, sabroso y persistente.
**Viejo Videva Reserva 87.** Tinto rojo rubí, limpio y brillante. Aromas terciarios de After Eight, notas avainilladas y de sotobosque. Fino en boca y bien armado.
**Viña Albali 93.** Rosado de color rosa intenso con matices violáceos. Aromas complejos, con dominancia de lácticos y presencia de notas de pastelería, piña y especias. Vino peculiar.
**Viña Albali Reserva 87.** Tinto rojo cereza con matices rojizos. Aromas francos de cierta complejidad que combinan frutas rojas y especias. Muy suave y fácil de beber.

# 12. DENOMINACIONES DE ORIGEN EN ESPAÑA: CASTILLA Y LEÓN

## BIERZO

Nueva DO, en las cercanías de León y en torno a las ciudades de Ponferrada y Cacabelos. A pesar de que las condiciones climáticas y el suelo son óptimos para la elaboración de buenos tintos, esta región no se ha desarrollado excesivamente. Se elaboran **vinos blancos, rosados y tintos de acusada personalidad**.

El Bierzo, que supera las 6000 ha de cultivo de la vid, presenta un microclima mediterráneo que convierte la zona en una región privilegiada para la producción vinícola.

Se cultiva la tinta **Mencía**, que ocupa un lugar destacado, y la **Garnacha Tintorera**, además de las blancas **Doña Blanca**, **Godello**, **Palomino** y **Malvasía**.

## *Características de los vinos*

Los tintos son coloreados, gracias a la uva Mencía, aterciopelados y plenos, y pueden envejecer bien.

Tienen fama los blancos de Godello.

Destacan los vinos Fontousal, Guerra, Señorío del Bierzo y Viña Oro.

## *Vinos destacados*

**Casar de Santa Inés 95 Merlot Tempranillo.** Tinto de un color cereza intenso con ribete violáceo. Gran complejidad frutal y sabroso en boca. Bien equilibrado, con cuerpo y persistente.

**Blanco de Prada.** Vino blanco con una marcada personalidad elaborado con Godello. Color amarillo con matices dorados. Variedad de aromas muy interesantes que causan extrañeza al principio, pero después se convierte en satisfacción.

**Guerra Reserva 86.** Tinto de color rubí claro con matices naranja. Aromas complejos y limpios. Notas de ciruelas y cuero. Evolución sostenida en boca

**Palacio de Canedo 1991 Reserva.** Tinto de color cereza y aroma fino a crianza (vainilla, tabaco, pimienta, cuero...). Redondeado en boca.

**Señorío del Bierzo 87.** Rojo cereza con notas rubí. Aromas complejos y elegantes de fruta madura y especias. Envolvente y con cálido retrogusto.

## CIGALES

Es una DO reciente al norte de Valladolid y **especializada en rosados**. La región, situada en la vega del Pisuerga, se adentra algo en la provincia de Palencia. El núcleo urbano que da nombre a la DO es un pequeño pueblo de unos 2.000 habitantes.

La peculiaridad de los vinos de la zona es que se someten a una crianza más o menos prolongada, aunque también se comercializan jóvenes. Son vinos agradablemente aromáticos (florales o frutales) y de una graduación alcohólica comprendida entre 10,5 y 13º. También producen vinos tintos jóvenes con un lozano aroma a frutas, uva y vendimia.

Sus cepas son la **Tempranillo**, que allí se denomina Tinta del País, y **Garnacha.** y las blancas **Verdejo, Albillo y Viura**.

Se cultivan 3500 ha de viñedo que crece en suelos arcillocalizos. El clima es continental, con temperaturas extremas y lluvias escasas.

### *Características de los vinos*

Los claretes y rosados de la zona son excepcionales: **vinos jóvenes muy llevaderos,** refrescantes, naturales y aptos para beber a todas horas, o **vinos sometidos a crianza** que alcanzan una gran plenitud.

Los mejores rosados y tintos son: Barrigón, Rosan, Solar de Laguna, Viñaolid, Torrecigales, Aldeabar, Conde Ansúrez, etc.

### *Vinos destacados*

**Conde Ansúrez Crianza 88.** Tinto de color rojo cereza con reflejos teja. Excelente brillo. Aromas frutales sobre aromas terciarios de crianza, con notas lácticas, especiadas y de buena madera. Suave y ligero en boca.
**Docetañidos 95.** Rosado de color guinda con notas violáceas. Aroma muy potente en el que destacan las frutas rojas maduras. Muy sabroso.
**Solar de Laguna.** Vino rosado de un color rosa con matices naranja. Aroma con recuerdo a frutos. Sabroso.
**Torondos.** Rosado de un color rosa fresa de capa alta con reflejos cobrizos. Aroma frutal y fresco, con notas de fresa e hierbas. Amplio sabor frutal. Rosado con carácter.

## Ribera del Duero

Esta DO, que abarca Aranda de Duero, Roa y Peñafiel, está **especializada en tintos** y en los últimos 15 años ha sufrido un desarrollo espectacular. El vino tinto es aromático, muy afrutado y de color rojo muy vivo en su juventud y más suave en su madurez.

### *Características de los vinos*

Son **vinos muy equilibrados y ricos en matices,** estructurados y poderosos, finos y suaves.

El vino más renombrado y apreciado es el **Vega Sicilia,** ya famoso en 1917. Utiliza un conjunto de uvas donde destaca la Tempranillo y la Garnacha, un poco de Albillo y las francesas Cabernet Sauvignon, Malbec y Merlot.

Son excelentes los Vega Sicilia Único Reserva Especial del 68 y del 82, aunque son caros y difíciles de encontrar, así como Boada, Mesoneros de Castilla, Pesquera, Viña Pedrosa, Emilio Moro, Viña Valera y Marqués de Velilla.

## *Vinos destacados*

En general, todos los **Vega Sicilia**, a pesar de su elevado precio, constituyen una magnífica compra.

**Callejo 96.** Rojo púrpura. Muy fragante y complejo en nariz con aromas primarios, frutales y lácteos. Con buena armadura y sabor amplio. Sabroso y notable en taninos.

**Emilio Moro Reserva 90.** Tinto de color rojo cereza con matices granates. Muy limpio y brillante. Muy agradable y goloso, con aromas terciarios especiados y toques de crema pastelera.

**Emilio Moro Reserva 91.** Tinto de color rojo picota con matices de evolución. Notas de madera tostada, sotobosque, cuero y raíces. Goloso y maduro en boca. Bien armado y con una buena evolución.

**Marqués de Velilla 92.** Tinto de color rojo cereza con notas granate y púrpura, y excelente brillo. Suave en boca, con evolución ácida y toque final de frutas.

**Pesquera 91.** Tinto de color rojo granate muy oscuro. Aromas de gran complejidad. Tonos intensos con notas de frutas del bosque, lácteos y cuero, minerales y mentolados. Puede precisar decantación. Es un vino con mucha estructura, carnoso y con rica vía retronasal.

**Valduero Reserva 90.** Tinto de color rojo granate con notas violáceas. Aromas frutales con notas de vainilla y florales. Envolvente y sabroso.
**Viña Pedrosa Reserva 91.** Tinto de color rojo cereza picota. Aromas terciarios especiados y de frutas rojas con notas insólitas y muy atractivas. Bien estructurado, redondeado.

## RUEDA

Es una zona al sur de Valladolid **dedicada a blancos** que son equilibrados, de fuerte personalidad, muy aromáticos y sabrosos y de alta graduación. También se encuentran excelentes espumosos. La zona abarca Tordesillas, Medina del Campo, Olmedo y Madrigal de las Altas Torres.

Predomina la blanca Verdejo, una uva de gran calidad. La zona de viñedos ocupa 8.500 ha de suelos arenosos y arcillosos. El clima es seco y hay muchas horas de sol al año.

Rueda sigue el camino de las DO más dinámicas implantando algunas variedades foráneas, como la blanca Sauvignon. El reglamento exige la consignación de la añada en los vinos incluidos dentro de la categoría **Rueda Superior** (con un contenido mínimo de Verdejo del 85 %).

### *Características de los vinos*

Son muy interesantes los **jóvenes ligeros y afrutados**, y muy apreciados los de la denominación **Rueda Superior**, que son vinos suaves con un sutil punto de acidez.

Destacan Marqués de Griñón, Sanz, Marques de Riscal, Vega de la Reina y Señorío de Garcigrande (tanto en tintos como en blancos).

### *Vinos destacados*

**Belondrade y Lurton 94.** Vino blanco con un insólito varietal de Verdejo fermentado en barrica. Color amarillo pajizo con reflejos dorados. Aromas complejos con finos recuerdos de madera, humo, limón... Suave y sabroso.
**Bornos 95.** Vino blanco de color amarillo pálido con matices acerados, suave, perfumado y untuoso. Es ligero y seduce por su aroma perfumado. Matices de jazmín, hinojo, plátano y piña... Entrada muy suave en boca.
**Marqués de Riscal, Rueda Superior 95.** Vino blanco de color amarillo pajizo extraordinariamente aromático. Destaca la personalidad varietal y su sabor fresco. Es ligero, alegre y redondeado.
**Señorío de Garcigrande 94.** Vino blanco de color amarillo pálido y acerado. Aromas frutales y herbáceos, notas de anís, cítricos, pera y piña. Fresco y glicérico.
**Vega de la Reina 94.** Vino blanco de color amarillo pajizo limpio y brillante. Aromas intensos a frutas y matiz anisado. Bien estructurado y elegante.

## Toro

Esta DO, que comprende casi 6.000 ha de terreno pedregoso, linda al noroeste con la DO Rueda y es atravesada por el Duero. La configuran un total de doce términos municipales de la provincia de Zamora y tres de Valladolid, y su centro es Toro.

Se producen **tintos recios**, con cuerpo, color y grado, y muy bien estructurados.

Se usan las cepas Tinta de Toro, que da lugar a los vinos más recios, Tempranillo, Cencibel y Garnacha, y para los blancos, Malvasía y Verdejo.

Durante años, los tintos de Toro se han usado para dar color y cuerpo a vinos más endebles de otras zonas, lo que ha fomentado la producción a granel.

## *Características de los vinos*

Suelen ser **tintos recios, tradicionalmente espesos, afrutados de jóvenes** y, después de una moderada crianza, adquieren complejidad de nariz y suavidad en el paladar. En los últimos años, los vinos de Toro se han suavizado para adaptarse a los gustos modernos.

Son muy recomendables los tintos Valdevi, Vega de Toro, Muruve, Marqués de Toro y Cermeño, y los blancos Bardales y Colegiata.

## *Vinos destacados*

**Fariña Crianza 89.** Tinto de color cereza intenso con ribetes teja. Aromas a fruta madura. Sabroso en boca, con cuerpo, cálido, potente.
**Gran Colegiata Reserva 90.** Tinto de color cereza cubierto con ribete anaranjado. Aroma potente con notas de uva

muy madura. Vino profundo de matices, y potente y sabroso en boca.

**Gran Colegiata Gran Reserva 86.** Tinto de color rojo granate, limpio y brillante. Aromas terciarios y presencia de cacao, chocolate y cuero. Buena estructura y final de boca liviano.

**Muruve 1995.** Tinto de color picota intenso. Aromas intensos de frutos rojos. Muy buena estructura y notas dulces en el final de boca.

**Vega Sauco 96.** Tinto de color rojo picota con ribete violáceo. Limpio y brillante. Intenso en nariz con aromas de frutos rojos y notas mentoladas y lácteas. Bien constituido, sabroso y con final cálido.

**Vino Primero 1995.** Tinto de color violáceo intenso. Aromas de frutos rojos muy marcados con fondo floral. Muy potente en la boca, cálido y con un gran final.

# 13. DENOMINACIONES DE ORIGEN EN ESPAÑA: CATALUÑA

## ALELLA

Se encuentra al norte de Barcelona y su superficie de viñedos es de 350 ha, repartidas entre 12 municipios. El crecimiento urbanístico de Barcelona (Alella está sólo a 25 km de la capital catalana) y el desplazamiento de la población a zonas cercanas provocó que se arrancara la vid para construir. Es una zona que permanece estable desde hace tiempo.

Produce, sobre todo, **vinos blancos, frutales, aromáticos y muy mediterráneos,** y algunos buenos tintos de crianza.

Los vinos blancos se elaboran con Xarel.lo (Pansà blanca) y Garnacha, y los tintos, con Tempranillo y Ull de llebre.

Existen bodegas muy modernas, como las Bodegas

Roura, que apuestan por varietales de alta calidad, y Parxet, que cuentan con los últimos adelantos tecnológicos y también elaboran cavas según el método tradicional.

## *Características de los vinos*

Los blancos son vinos de gran tradición y de una reputación excelente. Son afrutados, aromáticos y, muy frecuentemente, con **aguja.** Destacan el Marqués de Alella Seco o Clásico, los Alella Marfil y el tinto Roura.

## *Vinos destacados*

**Marqués de Alella Allier 95.** Vino blanco de color amarillo vivo con matices limón. Aromas muy elegantes y buena estructura.
**Marqués de Alella Clásico 95.** Vino blanco de color amarillo poco intenso con notas pajizas. Aromas frutales con recuerdos de mandarina, piña y uva fresca. Sabor franco, elegante y sostenido.
**Marqués de Alella Seco 94.** Vino blanco con una gran originalidad debido al uso de la variedad Chenin Blanc, además de las tradicionales. Color amarillo pajizo. Notable presencia de carbónico. Aromas intensos y potentes con notas de fresas, plátano, piña... Franco y fresco en boca.
**Roura Crianza 91.** Tinto de color cereza intenso, limpio y brillante, y aromas intensos de frutos rojos. Potente en boca y con gran estructura.
**Roura Merlot 94.** Vino rosado. Varietal de color frambuesa muy atractivo. Aroma con notas de frutas rojas y especias

que se desarrolla lentamente. Intenso en la boca y con notas de melocotón y de frutas maduras.

## Empordà-Costa Brava

Está especializada en **vinos rosados**, de una gran personalidad y aroma delicado, y **blancos frescos**, juveniles y afrutados. También se producen vinos dulces y generosos, y tintos que se consumen jóvenes, los **Vinovells**.

Esta DO se sitúa al nordeste de la provincia de Girona, muy próxima a la frontera con Francia, y ocupa 5.600 ha de viñedos en las que se cultiva Garnacha y Cariñena, y las blancas Macabeo, Xarel.lo y Garnacha blanca, que en esta zona se conoce como Llenoder.

La región integra Les selves (Selva de Mar y Port de la Selva) y la llanura que se extiende entre las sierras de las Alberes y de las Gavarres.

El clima es continental, con pluviosidad abundante y muchas horas de sol al año. Son frecuentes los fuertes vientos del este (tramontana) y los suelos son arenosos y pobres.

### *Características de los vinos*

Esta DO produce interesantes rosados, vinos tintos procedentes de Garnacha y Cariñena y blancos procedentes de Macabeo y Xarel.lo.

Son excelentes, y con una fama muy merecida, las marcas **Blanc de Blancs** y **Castillo de Perelada**, tanto blancos como rosados.

Son recomendables los Medes con aguja, los tintos Vinya Noble y Castillo de Perelada, y el blanco Vinya Orlina.

### *Vinos destacados*

**Blanc de Blancs Castillo de Perelada 95**. Vino blanco de color amarillo pálido y reflejos verdosos. Aroma frutal en el que destacan el plátano y los cítricos.
**Castillo de Perelada Chardonnay 94.** Vino blanco de color amarillo pálido con reflejos verdosos. Aromas varietales y frutales, destacando los cítricos. Notas ahumadas y herbáceas. Es un vino ácido y fresco con un toque muy elegante.
**Castillo de Perelada Cabernet Sauvignon 91.** Tinto de color rojo cereza. Aromas vegetales y lácticos con notas terciarias de cuero, cacao, almendras. Cremoso en boca, gustoso y con sabores a crema pastelera, canela y frutos rojos.
**Castillo de Perelada Reserva 86.** Tinto de color rojo rubí. Notas de especias y laurel, aromas de sotobosque. Ligero y suave en boca.

## CONCA DE BARBERÀ

Se ubica al norte de la provincia de Tarragona y es la DO más reciente de España. Produce **vinos blancos, rosados, tintos y espumosos**. Los vinos son de moderada graduación alcohólica, ligeros y suavemente afrutados.

Las variedades que se cultivan son las blancas Macabeo y Parellada, y las tintas Trepat, Garnacha y Tempranillo. Esta zona, fría y situada a una cierta altitud, produce un gran volumen de uvas blancas para cava, así como variedades internacionales cada vez mejores. La DO ocupa 10.000 ha de suelos calcáreos. La ciudad medieval de **Montblanc** es el centro de esta comarca, atravesada por los ríos Francolí y Anguera y que cuenta con el atractivo añadido del Monasterio de Poblet. El clima es continental, con veranos suaves y pluviosidad media.

## *Características de los vinos*

Los **vinos blancos** son los más destacados. Los que se obticnen de las uva Parellada son muy ligeros y transparentes, juveniles y suavemente ácidos.

En las bodegas cooperativas se elaboran y se venden cavas de una **óptima relación calidad-precio**.

La mayoría de vinos de la zona son de moderada graduación alcohólica, bien dotados de acidez, ligeros y con aromas afrutados muy delicados y persistentes:

- De 10 a 12º para los blancos.
- De 10 a 11º para los blancos Parellada.
- De 10 a 12º para los rosados.
- De 10,5 a 13º para los tintos.
- De 10,8 a 12,8º para los espumosos.

## *Vinos destacados*

**Prat de Medea.** Vino rosado. Color rosado con reflejos rojizos. Fragancia franca y frutal. Gustoso en boca con múltiples notas frutales.

**Prat de Medea Aguja.** Vino blanco de color pajizo. Fresco con aromas frutales, sabroso en boca y equilibrado.
**Sanstravé Gasset Blanc 1995.** Vino blanco pajizo con reflejos dorados. Intensos aromas frutales muy frescos. Sabroso, frutal y con un excelente equilibrio.

## COSTERS DEL SEGRE

Está situada en la árida parte occidental de Cataluña y es una región dispersa en la que se cultivan 6.000 ha de las variedades Macabeo, Monastrell y Cabernet Sauvignon.

Abarca cuatro subzonas de Lleida. La más conocida es **Raimat**, además de Artesa, Vall de Riucorb y Les Garrigues. Los vinos blancos son de gran finura y delicadeza, y los rosados y tintos, de elegante complejidad y equilibrio, francos, robustos y con una buena graduación.

### *Subzonas*

**Artesa.** Es la más septentrional y sufre un clima continental de inviernos rigurosos.
**Raimat.** Ocupa tierras agrícolas bañadas por el canal de Aragón, con un clima más suave.
**Les Garrigues y Vall de Riucorb.** En plena depresión del Ebro, alojan la mayor parte del viñedo porque sus suelos, ricos en calcio, y la influencia mediterránea las hacen más adecuadas para el cultivo de la vid.

### *Los vinos*

Son excelentes los tintos Raimat Cabernet Sauvignon, Raimat Abadia, Raimat Tempranillo, Raimat Merlot y Raimat Pinot Noir.

**Raimat** es una de las mayores fincas vitivinícolas de España: casi 2.000 ha de viñedos de diferentes variedades, además de grandes bodegas con un moderno equipamiento.

### *Vinos destacados*

**Raimat Abadia 91.** Tinto de color rojo rubí con ribete teja. Aromas bien equilibrados, frutales y de crianza. Sabroso, con notas de cacao y especias.

**Raimat Chardonnay 94.** Blanco de color amarillo con reflejos dorados. Aroma varietal característico con matices de miel, lácticos y flores blancas. Sabroso, suave, fresco y con nervio. Con capacidad para envejecer bien.

**Raimat Cabernet Sauvignon Reserva 90.** Tinto de color picota madura. Vino frutoso con aromas de buena crianza. Franco y redondo en boca, bien estructurado. Revela matices de fresitas y frutas rojas, cacao, tabaco y especias.

## PENEDÈS

Aunque es la capital del cava (la primera productora del mundo), destaca también por sus blancos frescos, afrutados y aromáticos y, en mayor medida, por sus **tintos ligeros, suaves y aterciopelados**.

Situada al sur de Barcelona, esta zona cuenta con 25.000 ha de viñedo. Esta moderna DO utiliza para sus vinos numerosas uvas (Garnacha, Cariñena, Tempranillo, Samsó, Parellada, Monastrell). Recientemente ha incorporado algunas variedades de procedencia francesa como Cabernet y Pinot, además de las alemanas Gegürztraminer y Riesling.

### *Los vinos*

Destacan los **blancos** Marques de Monistrol, Ramon Balada Perelada, Pupitre Xarel.lo, Augustus Chardonnay, Viña Esmeralda..., y los **tintos** Gran Caus, Bach Cavernet Sauvignon, Mont Marçal Cabernet Sauvignon, René Barbier, Jané Ventura, Vinya Extríssima, Augustus Cabernet Sauvignon, etc.

### *Vinos destacados*

**Augustus Chardonnay 95.** Blanco de color amarillo pálido. Aroma potente con matices ahumados. Notas de maderas finas, frutas tropicales... Complejo y sabroso en boca.
**Fransola 94.** Vino blanco atrevido y muy original, de color amarillo dorado acerado. Ligera presencia de carbónico y aromas frutales típicos del Sauvignon Blanc. Fondo floral ligeramente ahumado. Cálido, gustoso y elegante en boca.
**Gran Caus 95.** Tinto de color rojo cereza con matices violáceos. Aromas de frutos muy marcados más algunos matices mentolados y lácticos. Bien equilibrado y gustoso.
**Mas Comtal 94.** Tinto de color cereza madura con matices granates. Vino joven y fresco, aunque potente, con notas

mentoladas, frutales y vegetales. Aromático, muy grato en boca.

**Pupitre Cabernet Sauvignon 92.** Tinto de intenso color picota. Aromas complejos y muy interesantes, presencia varietal. Potente en boca y con una gran estructura. Muy tánico.

**Extrísimo Bach 94.** Blanco de color amarillo pajizo, con reflejos dorados. Aromas florales, de hinojo y lavanda. Frutal en boca, equilibrado.

**Viña Esmeralda 95.** Vino blanco de color amarillo pálido con reflejos verdosos. Aroma envolvente con toques de melocotón y miel. Bien equilibrado y gustoso en boca, goloso y con buena acidez.

## PRIORAT

Zona del interior de Tarragona que cultiva variedades hispanas como Cariñena y Garnacha, y extranjeras como Cabernet, Merlot y Syrah, que han dado **finura y capacidad de envejecimiento** a sus vinos.

En total son unas 3.700 ha de viñedo situadas en terrenos áridos de esquistos pizarrosos, que se extienden por las cuencas de los ríos Siurana y Montsant. El clima es continental, con temperaturas extremas en verano y en invierno que limitan el rendimiento.

Se elaboran **muy buenos vinos tintos** de color rubí subido, robustos, de sabor denso y aroma muy intenso y rico.

## *Características de los vinos*

Sus vinos tienen una marcada personalidad debido a su **elevada graduación alcohólica** (de 13,75° a 18° para los tintos, rosados y blancos, y de 14° a 29° para los rancios), pero también por su **color increíblemente oscuro** y cubierto, su **elevada densidad**, su contundencia y los aromas a frutos secos, uvas y ciruelas pasas.

Son conocidos la gama **Scala Dei** y los Masia Barril.

## *Vinos destacados*

**Blanc Prior 94.** Blanco de color amarillo dorado con tonos verdosos, limpio y brillante. Aromas de fruta madura equilibrada con madera. Sabroso y cálido.

**Clos de l'Obac 91.** Tinto de color picota con reflejos granates profundos, limpio y brillante. Aromas a frutas rojas, con notas especiadas de pimienta. Sabor herbáceo complementado con matices de café y de cacao.

**Clos Dofí 90.** Tinto de color rojo picota con matices rubí y aromas terciarios muy complejos que evocan el sotobosque, violetas, trufa... Redondo en boca y sabroso.

**Clos Mogador 91.** Tinto de color cereza madura. Brillante. Aromas intensos de frutas muy maduras y matices de sotobosque, presencia de madera y notas de crianza.

**Martinet Bru 92.** Tinto de color granate muy vistoso. Aromas de frutas rojas, toques de pastelería. Alta graduación, pero muy agradable. Redondo, sabroso y largo.

**Negre Scala Dei 95.** Tinto de color rojo morado. Aromas frutales muy marcados, sobre todo de frutos rojos.

Esta región cuenta con una amplia tradición, ya que fue un centro exportador muy activo en la época romana. Produce suaves, ligeros y afrutados vinos blancos, y tintos equilibrados, redondos y robustos.

Esta región constituye la mayor DO de Cataluña. En la actualidad ocupa 25.000 ha de viñas divididas en tres subzonas: **Camp de Tarragona, Ribera** y **Falset**. Las dos primeras poseen suelos de aluvión, mientras que Falset ofrece suelos calizos en las laderas o suelos de origen granítico.

El clima es suave: mediterráneo en las dos zonas costeras y continental suave en la zona de Falset.

Se cultivan viñas de Macabeo, Parellada y Xarel.lo, y para los tintos, Mazuelo, Garnacha y Ull de llebre.

## *Características de los vinos*

En Falset, la mezcla de Mazuelo y Garnacha da lugar a **vinos tintos robustos y equilibrados** de unos 13°.

En Camp de Tarragona, la especialidad son los **blancos para cava**.

La graduación es de 11-13° para los blancos, rosados y tintos de Camp de Tarragona; 13° para los tintos con cuerpo de Falset; 13,5° para los licorosos, y 14° para los rancios.

Son excelentes Flor de Maig, tanto blanco como tinto, Las Troyes, Joan d'Anguera, Castell de Siurana, Vinya Candia y Viña Mater.

**Flor de Maig Cabernet Sauvignon 92.** Tinto de color cereza cubierto. Aromas penetrantes a vainilla, pimienta, maderas finas, frutas maduras... Carnoso en boca, largo, persistente y agradable.
**Joan d'Anguera 94.** Tinto de color picota con matices púrpura. Aromas frutales de cerezas y calabaza. Presencia de notas de caramelo que le otorgan un aire dulzón. Es gustoso, persistente y muy grato.
**Joan d'Anguera 96.** Tinto de color rojo púrpura muy vistoso. Aromas de frutos rojos y crema pastelera con toques vegetales y herbáceos y un marcado carácter frutal. Fresco, sabroso y bien equilibrado.
**Muller Superior Rubí 91.** Vino generoso de color caoba con reflejos de madera vieja. Aromas terciarios con notas variadas: ciruelas confitadas, café con leche, miel, tostado.

## TERRA ALTA

Se sitúa al oeste de la provincia de Tarragona, en los alrededores de Gandesa, y ocupa 16.000 ha de viñedo en terrazas a 400 m de altitud, sobre suelos arcillosos poco permeables y profundos.

Esta DO se conoce por sus **vinos rancios de alta graduación**. Son recios, amplios y de gran cuerpo.

Se cultivan las variedades tintas Cariñena, Garnacha tinta y Garnacha peluda, y las blancas Garnacha blanca y Macabeo.

El clima de esta zona es continental suave, y las precipitaciones, escasas.

## *Características de los vinos*

Abundan los **vinos de cooperativa de alta graduación**, buen cuerpo y baja acidez, aunque la tendencia es a producir vinos más ligeros y acordes con el gusto actual.

Asimismo, los vinos rancios son de aromas y sabores poderosos, con una elevada acidez volátil y excelentes cuando están bien elaborados.

Son destacables Primicia, Arcs y Vallmajó en blanco, rosado y tinto.

## *Vinos destacados*

**Antic Castell.** Vino blanco de color amarillo con reflejos verdes. Muy limpio y con aroma fresco y afrutado. Sabor muy mediterráneo, sabroso y cálido en el que destacan la manzana y un temperamento alegre.

**Barbara Forés 95.** Tinto de color rojo frambuesa y destellos granates. Aromas de anís y especias con una gran presencia de frutas. Amplio paso de boca, muy grato en el paladar y con un sabor franco.

**Barbara Forés 96.** Vino rosado. Color rosa fresa de capa alta. Intensos en nariz con aromas de frutos rojos y lácteos, así como recuerdos florales en un fondo predominantemente vegetal y fresco.

**Fill del Temps 1993 Crianza.** Tinto de color cereza oscuro muy vistoso. Aromas a frutas y a uva madura. Carnoso, sabroso, con notas de frutos rojos y melocotón, complejo y amplio en boca.

**Vi Ranci de la Terra Alta.** Este vino de la Bodega Cooperativa de Gandesa presenta un color amarillo leonado. Matices ambarinos, muy agradable a la vista y al olfato, donde destacan aromas de frutos secos, vainilla, confituras, piñones... Seco en boca y resinoso, los frutos secos adquieren protagonismo.

# 14. DENOMINACIONES DE ORIGEN EN ESPAÑA: GALICIA

## RIAS BAIXAS

Esta DO se extiende por tres subzonas en la provincia de Pontevedra y en la frontera con Portugal (Val do Salnés, Condado do Téa y O Rosal), que ocupan algo más de 2.500 ha de suelos graníticos y francoarenosos. Estos suelos presentan deficiencia de calcio, que los agricultores compensan sembrando conchas procedentes de las industrias conserveras.

La variedad **Albariño**, de gran calidad aromática, ha contribuido al desarrollo de la zona. Los vinos, **blancos**, tienen aromas elegantemente afrutados, envolventes y sensuales, con un sabor amplio, carnoso y jugoso.

Las variedades Loureira y Caíño, con seductores aromas terpénicos, contribuyen a redondear la personalidad de estos vinos. También se cultivan la blanca Torrontés y las tintas Caíño tinto, Sosón, Mencía, Espadeiro, Loureira tinta y Brancellao.

## *Características de los vinos*

Los vinos blancos constituyen la inmensa mayoría de la producción. Los varietales de Albariño se cuentan entre **los más elegantes vinos blancos del mundo**.

Los blancos **Val do Salnés, Condado do Téa** y **O Rosal** deben llevar un mínimo del 70 % de Albariño, y el resto, de variedades autorizadas.

Son vinos muy destacados: Fillaboa, Carvallo do Rey, Lagar de Cervera, Morgadío, Pazo de Señorans, Santiago Ruiz, Quinta de Couselo, Condes de Albarei...

## *Vinos destacados*

**Carballo do Rei 94.** Vino blanco de color amarillo limón, franco y frutal. Ligero, fresco y muy fácil de beber.

**Fillaboa 94.** Blanco de color amarillo pálido con destellos verdes leves. Floral con notas anisadas. Frutoso y floral en boca, aunque pesado. Elegante.

**Morgadío 94.** Blanco 100 % Albariño. Color amarillo dorado pálido con reflejos verdosos. Aromas potentes, frutales, florales, tropicales. Es sabroso, con cuerpo, elegante. Bien estructurado.

**Pazo de Señorans 94.** Blanco de color amarillo pajizo con notas verdosas. Complejos aromas que remiten a las frutas y a frutos secos tostados. Fresco, amplio y muy grato.

**Santiago Ruiz 93.** Blanco de color amarillo pajizo con reflejos dorados. Aromas amplios y envolventes, melosos. Evocan flores blancas y manzana. Es fresco y elegante, con notas florales y cítricas.

## Ribeiro

Es un vino internacional que se produce en torno a la ciudad de Ribadavia. Se cuenta que los ingleses ya venían a buscarlo antes de conocer el oporto e, incluso, el jerez.

Son **vinos blancos ácidos**, muy aromáticos, afrutados y de poca graduación, y **vinos tintos de mucha capa,** ácidos y de color rojo morado muy vivo. Se beben, respectivamente, en tazas y en cuncas.

En la zona predominan variedades de uva locales como Treixadura, Godello y Torrontés (blancas), y las tintas Caíño y Broncellao.

Las 3.100 ha de esta DO son viñedos situados en los valles de los ríos, que aprovechan las laderas con más horas de sol.

El clima es atlántico, suave y extremadamente lluvioso.

### *Características de los vinos*

Los tradicionales ribeiros blancos son vinos ligeros, frescos, secos y aromáticos, mientras que los tintos son ligeros y de bajo contenido alcohólico.

En los blancos destacan San Trocado, Viña do Campo, Pazos de Ulloa, Gran Rivera, Bantiño, A Chaira, Loural y

Veiga d'Ouro. Son buenos tintos Alen, Breco, Alemparte, Viñas 2001 y Campante.

### *Vinos destacados*

**Alen da Historia 94.** Tinto de color rojo con predominancia de tonos violetas. Aromas frutales muy concentrados. En boca es potente, tánico, equilibrado y confirma los aromas de fruta.
**Amadeus.** Blanco de color amarillo pálido con reflejos plateados. Fino y elegante en nariz, fresco y sabroso en boca. Toques de hierbas aromáticas y de anís.
**Beade Primacía 96.** Blanco de color amarillo verdoso, muy brillante. Fino en nariz con aromas de frutas exóticas y vainilla. Equilibrado, sabroso, fresco. Muy elegante y goloso.
**Gran Alanis 94.** Blanco de color amarillo pálido, tenues aromas frutales y florales, y recuerdos de uva madura. Fácil de beber.
**Señorío de Beade 94.** Tinto rojo granate con matices rubíes. Intenso aroma de Garnacha y fondo de fruta madura. Es un vino peculiar, fresco y con una agradable dulzura.
**Vilerma 95.** Blanco de color amarillo pajizo. Aromas florales finos, sensaciones de cítricos, ligero en boca.

## RIBEIRA SACRA

Esta pequeña zona de Galicia, situada junto al Sil y al Miño y rodeada de montañas y valles que la ocultan, es la legendaria cuna de los vinos de Amandi, los preferidos de los emperadores romanos. Los tintos, elaborados con la variedad Mencía, son de una **personalidad intensa**.

En las 2.300 ha de viñedos se cultivan casi todas las variedades autóctonas gallegas (Treixadura, Loureira, Albariño, Mencía, Caíño, Brancellao...) y se producen todo tipo de vinos, aunque los más célebres son los de **Chantada** y **Amandi**.

La DO se divide en cinco subzonas con una amplia tradición:

- Chantada.
- Quiroga.
- O Saviñao.
- Ribera del Sil-Lugo,
- Ribera del Sil-Ourense.

## *Características de los vinos*

No todos los tintos de Amandi son buenos, ya que la **irregularidad** es, de momento, una característica de la zona. Sin embargo, algunos resultan excelentes y, sobre todo, destaca su personalidad singular.

Aunque se pueden sufrir desengaños, vale la pena investigarlos. En general, los tintos de la zona pueden deparar sorpresas muy agradables.

## *Vinos destacados*

**Abadía de Cova 94.** Tinto de color rojo cereza con reflejos violáceos. Aromas vegetales y herbáceos con notas de pimiento asado y especias. Vegetal y fresco en boca.

**Abadía de Cova 95.** Tinto de color picota con matices morados. Fresco y joven, muy expresivo en nariz, con notas primarias sobresalientes. Fresco y herbáceo en boca.

**Abadía de Cova 96.** Blanco de color amarillo con reflejos verdosos. Fresco y fino en nariz, con aromas de frutas exóticas y sensaciones herbáceas y de flor blanca. Muy fresco, sabroso y envolvente.

**Chantada, Feria do Vigo 94.** Tinto de color rojo mora con vistosos reflejos carmesíes. Potente en nariz con notas de clavo y otras especias, y vegetales.

**Mezquita 94.** Tinto rojo cereza con destellos morados. Aromas de frutos rojos y un toque herbáceo. Se trata de un vino agradable con ligera astringencia y nota amargosa al final.

**XII Feria de Vigo 94.** Tinto rojo mora con tintes violáceos. Aromas jóvenes con notas de grosella y plantas silvestres. Ácido y astringente en boca.

## VALDEORRAS

Es la zona menos conocida fuera de Galicia. Se encuentra cerca de las localidades de Rua y O Barco.

Consta de unas 3.000 ha de viñedo en las que predominan las variedades Godello y las tintas Mencía y Gran Negro.

La variedad blanca **Godello** es tan buena como la Albariño: profundamente aromática y con notable grado alcohólico y acidez. Los vinos blancos son de aroma afrutado y excelente estructura.

Los mejores vinos tintos se elaboran con **Mencía**, muy afrutada, ideal para vinos jóvenes.

También se están introduciendo cepas francesas como Merlot y Cabernet.

## *Características de los vinos*

La zona produce excelentes tintos jóvenes muy elegantes y con un bello color púrpura, frutales e intensos, y blancos finos de distinguido aroma afrutado y excelente armadura.

Entre los tintos destacan Menciño, Silviño, Viña Ladeira, Medulio y Don Carlos, y entre los blancos, Brancales, Viña Guitián, Gran Vino de Godello, Arume, Pombal, Ruchel y Doncel.

## *Vinos destacados*

**Arume 94.** Blanco de color amarillo pajizo con destellos verdosos. Aromas delicados a manzanas y flores blancas. En el paladar es sabroso y seco y confirma los aromas frutales. Fresco y con personalidad.

**Joaquín Rebolledo.** Blanco de la variedad Godello, de color amarillo pálido con vistosos reflejos dorados, muy limpio y brillante. Aromas característicos de la variedad (frutas y flores). Suave, ligero y bien estructurado.

**Medulio 94.** Tinto rojo cereza de capa media. Aromas primarios de frutas con notas de hierbas aromáticas. Es complejo, sabroso y fresco.

**Pingadelo 94.** Tinto de color rojo cereza. Aromas complejos, predominantemente frutales, con notas de frutos rojos, uva madura y flores. Suave y aromático y muy agradable de tomar por su frescor.

**Viña Guitián 94.** Blanco de color amarillo limón con toques verdes. Aromas de fruta madura, vegetales y herbáceos, que toman el protagonismo en la boca y evolucionan hasta apetecibles sabores de frutas confitadas.

# 15. DENOMINACIONES DE ORIGEN EN ESPAÑA: MADRID

## Vinos de Madrid

La zona de Madrid intenta recuperar el prestigio que tenía en pasadas épocas. En el siglo XVI, las viñas llegaban hasta la puerta de la ciudad y los mejores vinos se vendían en la capital. El más apreciado era el de San Martín de Valdeiglesias, pero también tenían buena acogida los de Pelayos de Valdeiglesias y Cebreros.

Había buenos moscateles en Carabanchel, Fuenlabrada y Alcalá de Henares, y también triunfaban los «vinos ordinarios» de Torrejón de Ardoz, Barajas, Mostoles y Alcorcón.

A partir del siglo XVIII se impusieron el valdepeñas y el cariñena, y los vinos de Madrid desaparecieron por la presión de los graneles. Actualmente, la DO Vinos de Madrid lucha por **dar personalidad propia** a sus caldos.

La DO tiene 12.000 ha de cultivo de viñedo y se divide en varias **subzonas**:

- **Arganda**. Comprende 25 municipios al sudeste de la provincia de Madrid.
- **Navalcarnero**.
- **San Martín de Valdeiglesias**.

## *Características de los vinos*

Los **tintos y rosados de Garnacha de San Martín** son vinos muy destacados, afrutados y sabrosos, y con un hermoso color, mientras que los **tintos Garnacha de Navalcarnero** tienen mucho cuerpo y color. Los **blancos de Albillo** son muy aromáticos y con una alta graduación alcohólica.

Producen **vinos blancos de la variedad Malvar** de una gran calidad, muy frescos y atractivos (Arganda), **y blancos brisados** (San Martín).

En Arganda también destacan los tintos jóvenes, tanto de la variedad Tinto fino como de la Cabernet, y los rosados, muy agradables, elaborados con Tinto fino y Malvar.

## *Vinos destacados*

**Convento de San Bernardino Chardonnay Fermentado en Barrica.** Color amarillo suave. Aromas frutales envueltos en un persistente aroma de roble. Es corpóreo, sabroso y frutal.

**Valdealcalá Cabernet Sauvignon Crianza 1993.** Color

amoratado intenso con ribete violáceo. Aromas varietales muy intensos (pimiento). Buena estructura, sabroso y cálido en boca.

# 16. DENOMINACIONES DE ORIGEN EN ESPAÑA: MURCIA

## JUMILLA

El vino típico de esta zona es el **Jumilla-Monastrell**, elaborado casi exclusivamente con esta variedad de uva. Es un vino que se puede criar en roble, robusto y de elevada graduación alcohólica.

Esta DO comprende, entre Albacete y Murcia, 47.000 ha de viñedos de las cepas Monastrell (90 %) y Garnacha Tintorera. También se da algo de Cencibel y algunas blancas, como Mersegura, Airén y Pedro Ximénez.

El clima de la zona es mediterráneo, y la pluviosidad, muy escasa. Al norte, los suelos son arcillosos, y al sur, de alta constitución caliza.

## *Características de los vinos*

El Jumilla-Monastrell es un vino de fuerte carácter y con un aroma muy amplio y marcado. Los tintos de Jumilla se cuentan entre **los vinos más poderosos de España** debido a las especiales condiciones del clima y del terreno, y al vigor de las variedades empleadas.

La **sobremaduración** de los racimos y el desdoblamiento de los azúcares por el tipo de levaduras empleado pueden llevar a los vinos por encima de los 17º.

Los vinos jóvenes tienen mucho cuerpo y son suaves y ardorosos, y los de crianza, ligeramente abocados y con tendencia a oxidarse.

Destacan los Don Rosendo, Altos de Pío, San Isidro, Castillo de Untur y Castillo de Jumilla. En blancos, Sabatacha y Umbría Novel.

## *Vinos destacados*

**Altos del Pío 94.** Tinto cereza intenso con ribete violáceo. Aromas de frutas y a uva madura. Sabroso y carnoso en boca, con una gran variedad de matices.
**Carchelo Monastrell 95.** Tinto cereza muy intenso. Aromas intensos a frutas maduras. Cálido, carnoso y sabroso.
**Casa Castillo 1994 Crianza.** Tinto de color cereza vivo. Aromas a fruta y a lácticos. Complejo. Sabroso y carnoso.
**Casa Castillo 1993 Crianza.** Tinto de color rubí con matices anaranjados. Aromas de buena evolución, a pimienta, clavo y especias. Vino muy elegante con una buena crianza y frutal en boca.

**Viña Guardiola.** Tinto de color cereza con reflejos violáceos. Aromas francos y notas de crianza. Es sabroso, equilibrado y con cuerpo.

## YECLA

Esta DO cultiva en sus 26.500 ha de viñedos las variedades tintas Monastrell (80 %), Garnacha Tinta y Verdil, y la blanca Merseguera.

La zona es la continuación geográfica de Jumilla y se sitúa al norte de la provincia de Murcia y hacia el interior, en los límites con Alicante.

La DO Yecla ocupa sólo un gran término municipal que le da nombre y que se enclava entre la sierra de los Gavilanes, al norte, y las sierras del Serral y Salinas, al sur.

Las condiciones del clima son extremas, como en Jumilla: veranos muy calurosos, inviernos muy fríos, sol abundante y pluviosidad escasa.

### *Características de los vinos*

El alto nivel de insolación y la variedad de uva producen tintos de elevada graduación y de un hermoso color granate. Son vinos **suaves y ardorosos,** y justos en acidez. También se producen algunos blancos y rosados. Son excelentes los tintos Pozuelo y Castaño, y el blanco Viña Las Gruesas.

**Castaño 95 Monastrell**. Tinto de color granate muy vivo e intenso. Potente aroma frutal con notas varietales y matices que recuerdan a frambuesas y ciruelas maduras. Bien equilibrado y muy agradable.

**Castaño 94.** Tinto rojo granate con destellos púrpuras. Aromas frutales complejos. Es un vino ligero y frutoso, cálido y astringente. Muy grato en el paladar y fácil de beber.

**Pozuelo 89.** Tinto rojo picota. Aromas complejos de crianza. Destacan frutos rojos, pimienta negra y canela. Buena estructura. En boca confirma notas ahumadas y destaca su fresca acidez. Elegante.

**Pozuelo Reserva 90.** Tinto de color rubí con matices teja. Aromas de crianza. Vino suave, agradable y redondo en boca.

**Viña Las Gruesas 94.** Blanco de color amarillo pajizo con matices dorados. Aromas frutales, que retornan al beberlo, y florales con notas anisadas. Agradable de beber y bien equilibrado.

**Viña Las Gruesas 96.** Tinto de color rosa fresa de capa media. Aromas a fresitas, herbáceos y notas confitadas. Frutal y con buena estructura.

# 17. DENOMINACIONES DE ORIGEN EN ESPAÑA: NAVARRA

## NAVARRA

Está integrada por cinco comarcas: Ribera Alta, Ribera Baja, Valdizarbe, Baja Montaña y Tierra Estella, que dedican un total de 20 000 ha al viñedo. Cada una de ellas tiene unas características bien diferenciadas en cuanto a condiciones climáticas, suelos y resultados.

Los vinos más típicos son los **rosados jóvenes de intenso aroma afrutado**, de excelente calidad, y los **tintos sabrosos,** con plenitud y cuerpo.

También se dan tintos de crianza y reserva, diferenciados de los *coupages* riojanos, que mezclan Tempranillo, Garnacha, Cabernet Sauvignon y otras variedades.

## *Características de los vinos*

**Los rosados son los vinos más conseguidos:** la zona de Valdizarbe usa Tempranillo; la Ribera Alta, Garnacha, Mazuelo y Graciano; la Ribera Baja, Garnacha, y la Baja Montaña, Tempranillo. Tierra Estella produce los vinos más afrutados y de graduación más alta.

Son muchos los vinos destacables: Ochoa Cabernet, Ochoa Tempranillo, Gran Feudo, Guelbenzu Evo, Chivite, Ilagares, Castillo de Irache, Viña Sardasol, Viña Rubicán, Viña Zala, Reserva Beamonde, Señor de Cascante, Las Campanas...

## *Vinos destacados*

**Gran Irache 87.** Tinto rojo rubí, limpio y brillante. Aromas florales tiernos y frutales como albaricoque y ciruelas. Sabor interesante y muy grato.
**Gran Feudo 94.** Color fresa con tonos anaranjados. Es un rosado bien hecho y muy efectivo, con aromas frescos y notas de caramelo y fresas. Suave, fresco y suavemente ácido.
**Guelbenzu Evo Reserva 89.** Tinto de color picota. Aromas frutales de frutos rojos, sobre todo cereza y mora. Sabor potente y amplio que confirma las frutas y aporta ligeros matices mentolados, de crema y de vainilla.
**Guelbenzu Evo Reserva 92.** Vino excelente de color rojo picota con matices púrpura. Elegante, potente, con numerosos matices: almizcle, madera, trufa, crema...

**Ochoa Gran Reserva 85.** Color picota madura con notas teja. Goloso. Aromas especiados y cautivadoramente dulces: mermelada, café, cacao... Bien equilibrado, muy grato, redondo.

# 18. DENOMINACIONES DE ORIGEN EN ESPAÑA: LA RIOJA

## Rioja

Esta zona, con 17.000 ha de viñedos, cuyo nombre procede del río Oja, se divide en tres subzonas:

- **Rioja Alta.** Destacan las cepas Tempranillo, que dan tintos equilibrados y los mejores vinos para envejecer.
- **Rioja Baja**. Produce tintos de Garnacha, francos y aromáticos, y con cuerpo y graduación.
- **Rioja alavesa**. A partir de la Tempranillo, elabora tintos jóvenes o de crianza de una elevada calidad.

Los grandes tintos de Crianza, Reserva y Gran Reserva se elaboran con una base de Tempranillo y pequeñas proporciones de Garnacha, Mazuelo y Viura.

### *Los vinos*

Son numerosos los vinos destacables: Marqués de Murrieta, Márques de Cáceres, Viña Alberdi, Viña Pomal, Murúa, Marqués de Arienzo, Barberana, Beronia, Campo Viejo, Faustino, Valdelana, Viña Campillo, Viña Arana, Viña Tondonia, Viña Ardanza, Aradon, Silval Tempranillo...

### *Vinos destacados*

**Beronia Gran Reserva 82.** Rojo rubí con matices de evolución. Muy brillante. Buqué terciario: especias, pimienta blanca y vainilla, notas de humo y tabaco. Sabroso, redondo, se encuentra en su mejor punto.

**Berberana Crianza 90.** Tinto de color rojo rubí con tonalidades teja. Aromas de crianza, notas especiadas y de café y cuero. Sabroso y persistente y suave.

**Faustino Rivero Ulecia 92.** Tinto rojo cereza con irisaciones rubíes. Aroma fresco y floral, y notas de violeta. Joven y agradable.

**Marqués de Arienzo Reserva 85.** Tinto de color rojo cereza con reflejos teja. Franco y con notas de tabaco, café y humo. Sabor rico con matices de chocolate amargo. Se encuentra en su punto.

**Marqués de Cáceres Reserva 86.** Color rojo cereza cubierto. Poderoso en nariz, intenso y franco. Sabor amplio en el que se aprecian frutas rojas compotadas y matices de crianza de café y cacao.

**Marqués de Murrieta Reserva 89.** Tinto de color rubí, limpio y brillante. En boca es potente y muy elegante.

**Viña Ardanza Reserva 85.** Vino tinto excelente. Color rojo rubí con matices teja. Aroma a frutos y a buqué terciario bien combinados. Sabor franco, con nervio y cuerpo.
**Viña Berceo Reserva 87.** Tinto rojo rubí de capa media. Aromas frutales, matices lácteos y especiados. Buena estructura, sabroso y muy agradable.

# 19. DENOMINACIONES DE ORIGEN EN ESPAÑA: PAÍS VASCO

## Txacolí

Los vinos más interesantes del País Vasco son los alaveses, tratados en el capítulo dedicado a La Rioja. Sin embargo, recientemente ha resucitado un **vino muy típico** con una personalidad definida, el Txacolí, que actualmente cuenta con dos DO: Txacolí de Getaria y Txacolí de Vizcaya, esta última todavía muy joven.

La zona de Getaria tiene unas 100 ha en las que se cultivan las variedades Hondabirri Zuri (blanca) y Hondarribi Beltza (tinta), que representan, respectivamente el 85 % y el 15 %.

El clima es suave, atlántico, y la pluviosidad es elevada. Las cepas se cultivan en emparrados altos y extendidos para aprovechar el sol al máximo.

## *Características del vino*

El Txacolí es un vino de **aguja natural**, ligero, ácido, dinámico, refrescante y con una gracia especial otorgada por su burbujeo.

Para conseguir este vino, el mosto se fermenta en barricas de roble o castaño (*kupelas*), descansando sobre las lías. El carbónico permanece con carácter residual y dota al vino de un delicado equilibrio. Por este motivo, **debe consumirse joven**.

Es difícil de encontrar fuera del País Vasco, ya que constituye un vino delicado que no soporta bien los traslados, por lo que es mejor degustarlo en el lugar de producción.

## *Vinos destacados*

**Ojo de Gallo 94 (Torreko Txakolina).** Ojo de Gallo es el nombre genérico por el cual se conoce popularmente al Txacolí rosado. Su tonalidad recuerda al vino gris. Es ligero y con una fragancia muy agradable y evocadora. Fresco y suave.

**Txomin Etxaniz.** Es una de las marcas más conocidas fuera del País Vasco. Vino blanco de color amarillo pajizo. Aromas frutales con suaves florales. Estructura liviana, fresco, verde y con toques de manzana.

**Zuri Artebakarra.** Vino blanco de color amarillo muy pálido con destellos verdes. Ligeramente frutoso con aromas ácidos y frescos. Liviano, suavemente ácido, muy refrescante.

# 20. DENOMINACIONES DE ORIGEN EN ESPAÑA: COMUNIDAD VALENCIANA

## ALICANTE

Alicante es tierra de tintos robustos y vinos de licor. En ella se produce uno de los vinos más antiguos de la península, el tradicional **Fondillón,** de gran carácter y alcohol, y que se ha recuperado no hace mucho tiempo.

En los viñedos, que se extienden a lo largo de 34.000 ha a ambos lados del río Vinalopó, abundan las cepas Moscatel Romano, Merseguera y Macabeo; en tintas, Monastrell, y en menor medida, Tempranillo y Garnacha.

Gracias a la influencia de las brisas marinas, el viñedo alicantino soporta la alta temperatura media, la falta de lluvias y la amenaza de la desertización.

### *Características del vino*

Son clásicos de la comarca el **personal tinto de doble pasta**, de alta graduación y extracto seco, los tintos jóvenes y rosados y, por supuesto, el felizmente recuperado Fondillón.

En tintos destacan Siglo XXI, Peña Rubia, Viña Imperial, Castillo de Sax, Tonel Viejo y Alicante Nuevo, mientras que en blancos son excelentes los Casta Diva, Viña Adela y Cantaluz.

## VINOS DESTACADOS

**Casta Diva Cosecha Miel 95.** Vino blanco excelente. Color amarillo dorado, brillante. Aromas intensos a flores, fruta madura y confituras. Muy agradable al paladar, envolvente, goloso y elegante.
**Fondillón Gran Reserva 1957.** Vino generoso típico criado en barricas de roble. Color leonado con matices oro viejo. Aroma típico de vinos de larga crianza que da paso a frutos secos y membrillo.
**Rojo y Negro 91.** Botella que remite directamente a Stendhal. Vino de color rojo picota con irisaciones púrpura. Aromas terciarios con notas herbáceas, de pastelería y vainilla. Es goloso, aunque astringente.
**Salvador Poveda Fondillón 70.** Vino generoso color caoba con tonos ambarinos. Aromas muy intensos con matices de café, pasas, higos secos y tostados. Muy sabroso y goloso.
**Viña Alfas Cabernet Sauvignon Reserva 1991.** Tinto picota intenso cubierto. Aromas varietales con fondo frutal maduro. Expresivo en boca, redondo y complejo.

**Viña Ulises 1991.** Tinto de color cereza muy intenso. Aromas varietales bien combinados con la madera. Muy frutoso y amplio.

## UTIEL-REQUENA. VALENCIA

### *Utiel-Requena*

El viñedo del Levantc español es moderno, de poco más de un siglo. La DO Utiel-Requena ocupa una extensión de 41.000 ha al noroeste de la provincia de Valencia. La comarca tiene dos centros principales, Utiel y Requena, y se halla encerrada entre el cauce de los ríos Turia y Gabriel y las montañas.

Se producen vinos de todo tipo: tintos, rosados, blancos y espumosos. Se cultivan variedades Macabeo y Merseguera (blancas), y Tempranillo y Garnacha (tintas).

Destacan los tintos Torre Oria, Murviedro, Viña Sanfir, Viña Iñigo y Caso lo Alto, y los blancos Viña Sanfir, Torre Oria, Caso lo Alto y Flor.

### *Valencia*

Ocupa cerca de 48.000 ha, divididas en cuatro subzonas:

- **Valentino**. Al norte.
- **Clariano**. Al sur.
- **Alto Turia**. Al nordeste.
- **Moscatel de Valencia**. En los alrededores de la capital.

La uva Bobal es determinante de la calidad de los vinos, tintos y rosados, que constituyen el descubrimiento más reciente.

Los vinos blancos son muy aromáticos, frescos y afrutados. Los tintos de Monastrell poseen mucho color y cuerpo. Los vinos de licor son dulces, amistelados y, a veces, envejecen en madera de roble.

Entre Turís, Godelleta y Cheste hay especialidad en **moscateles con gusto a uva carnosa**, mientras que los de tierra adentro aportan aroma entre miel y pasa, y sabor tostado, aunque no caramelizado.

## *Vinos destacados*

**Vival d'Or Moscatel.** Amarillo dorado intenso. Aromas de moscatel y fruta confitada. Fresco, vivaz y agradablemente dulce.

**Cavas Murviedro 1995.** Blanco de color pajizo muy pálido. Aromas frutales con notas de melocotón. Fresco, muy agradable y afrutado.

# 21. VINOS DEL MUNDO

## VINOS DE FRANCIA

### *El sistema francés*

Los vinos franceses son los que tienen la **regulación más estricta del mundo**. Los mejores y más famosos vinos están sujetos a las leyes de la AC (Apellation Controlée). Por debajo de ésta se encuentran:

- **Vins Délimités de Qualité Superior (VDQS).** Vinos apreciables de carácter regional y para uso diario.
- **Vins de Pays.** Vinos que provienen de 44 regiones específicas que experimentan con nuevas cepas.
- **Vins de Marque.** Vinos de diferentes variedades y de diversas regiones que elaboran las marcas comerciales.

Aplicado al caso de Borgoña, ésta es la AC básica que

lo incluye todo. Las AC regionales específicas (Chablis, Beaujolais...) representan un nivel intermedio entre las AC regionales generales y las AC de poblaciones aisladas.

Las **AC Villages** se aplican a poblaciones aisladas. Por ejemplo, Côte de Beaune-Villages se aplica a algunas poblaciones separadas de esta zona, o incluso dentro de Côte de Nuits, y al revés.

Los **Grand Crus** se aplican a los mejores viñedos. En Borgoña sólo se encuentran en Chablis y Côte d'Or (Côte de Beaune y Côte de Nuits). Los **Premiers Crus** son los segundos mejores viñedos. En la etiqueta consta el nombre de la población y, seguidamente, el del viñedo.

## *Borgoña*

Comprende varias zonas diferenciadas: **Chablis** (Yonne), **Côte de Nuits** y **Côte de Beaume** (que forman la Côte d'Or), **La Châlonnaise**, **La Mâconnais** y **Beaujolais**. Los tres primeros forman la Borgoña norte y son los que elaboran los mejores vinos.

Chablis tiene siete *climats* (parcelas) de la mejor calidad: Vaudésir, Les Preuses, Valmur, Grenouilles, Les Clos, Blanchots y Les Bougros.

Utilizan pocas variedades de cepas: Chardonnay y Aligoté para blancos y Pinot Noir para tintos.

En Borgoña se produce **todo tipo de vinos**: tintos jóvenes en Beaujolais, intensos tintos en Côte de Nuits, vinos individualizados y muy personales en Chablis, Chardonnays procedentes de Côte de Beaume y blancos exquisitos como Meursault, Corton-Charlemagne y Montrachet.

## *Alsacia*

Los vinos franceses de esta región se designan, además de su denominación, por su variedad de cepas (Pinot Gris, Sylvaner, Tokay, Muscat d'Alsalce, Riesling...).

Las variedades de uva son, en su mayor parte, las mismas que en Alemania, pero los vinos tienen una personalidad muy distinta.

Los **Riesling de Alsacia** son redondos en boca, secos, pero con una acidez muy agradable y glicéricos.

El **Gegürztraminer** tiene un perfume de rosas y excitantes aromas de frutos exóticos como el mango, aunque sin perder su sequedad.

Las botellas de Alsacia son altas y esbeltas, y se conocen como *flûtes*.

## *Burdeos*

Las cepas principales son Cabernet Sauvignon, Merlot y Cabernet Franc.

En Médoc, Saint Émilion, Pomerol y Graves se producen elegantes tintos de larga vida. En este último destaca especialmente Château Haut-Brion.

**Médoc** es el lugar donde se encuentran los **Cru más famosos**. A los tradicionales Château Lafite, Château Latours y Château Margaux, se añadió en 1973 Château Mounton Rothschild, del supermillonario barón.

Haut-Médoc es la mejor porción de Médoc y, además, una Regional Apellation para vinos sobresalientes, superiores a los que rezan simplemente «Médoc».

En **Saint Émilion,** los más conocidos son Château Cheval Blanc y Château Ausone, mientras que en **Pomerol** (que responde a las denominaciones Pomerol y Lalande de Pomerol) destaca el Château Petrus, uno de los vinos más conocidos y también de los más caros, Château Certan de May y Château Certan Giraud.

Los **blancos de Burdeos** son también famosos. Entre ellos destacan los distritos de **Sauternes y Barsac** en la elaboración de blancos dulces, y **Graves,** para los secos con cuerpo.

También se pueden encontrar vinos atractivos en otras regiones: Entre-Deux-Mers, Bourg, Blaye y Canon Fronsac.

### *Rhône*

Es tierra de **buenos tintos,** con buen cuerpo y armadura como los Hermitage y Châteauneuf-du-Pape, uno de los grandes de Francia, muy rico en aromas a especias, equilibrado y elegante. Uno de los mejores vinos es **Côte Rotie**. Es recio y tánico en su juventud, pero meloso, rico y con una textura muy agradable con la edad.

También produce **blancos muy diferenciados** y singulares, como Condrieu, Château Grillet, Saint-Peray, Hermitage y Beaumes-de-Venise.

Las cepas usadas son la tinta Syrah y la blanca Viognier, procedentes de Grecia.

Al sur del valle del Rhône se elaboran **Côtes du Rhône**, unos vinos rosados regionales, muy ligeros y agradables.

## *Región de Champaña*

Se trata de la zona cercana a Reims y Épernay, al nordeste de París. Los viñedos ocupan 21.000 ha.

La elevada acidez del vino base es esencial para la elaboración de un buen espumoso. Para la elaboración de champán se utiliza una mezcla seleccionada de tres variedades de uva: Pinot Noir, Pinot Meunier y Chardonnay, que se elaboran según el **método champenoise**, inspirador directo del procedimiento tradicional usado para elaborar cava.

Cuando el champán se realiza sólo con Chardonnay se llama **Blanc de Blancs**.

Si en la etiqueta consta **Vintage Champagne** significa que está elaborado exclusivamente con vino procedente de un solo año.

## *Champanes destacados*

**Luxury Cuvée.** Champanes elaborados cuidadosamente por algunas firmas muy prestigiosas con las mejores cosechas y presentados en botellas elegantes y muy artísticas: Dom Pérignon, Dom Ruinart, Pol Roger Winston Churchill, Roderer Cristal...

**Grandes Marques Champagnes.** Champanes de excelente calidad: Ayala, Bollinger, Moët Chandon, Clicquot Ponsardin, G.H. Mumm, Pol Roger, Louis Roederer, Ruinart, Tattinger...

## *El sistema alemán*

Existen tres grandes categorías en Alemania en cuanto a calidades:

- **Tafelwein.** Vinos de mesa que pertenecen a la categoría inferior.
- **QbA.** Equivalen a la DOC (Denominación de Origen Controlada).
- **QmP.** Incluye cinco niveles de vinos, hechos con las mejores cosechas, y que equivaldría a la DOCG (Denominación de Origen Controlada y Garantizada).

La mayoría de **vinos de Alemania se consumen jóvenes**, por lo que no suelen apreciarse las indudables cualidades que les aporta el envejecimiento. Alemania tiene 13 *Gebiete* (regiones) donde se produce el vino de 39 *Bereiche* (distritos). A su vez, estos se subdividen en 161 *Grosslagen* (subdistritos) y en más de 2600 *Einzellagen* (viñedos individuales).

## *Zonas destacadas*

**Ahr.** A orillas del afluente del Rhin del mismo nombre. Produce, con Pinot Noir, vinos suaves, pobres en taninos y sin mucho cuerpo, pero muy agradables.

**Nahe.** Toma el nombre de otro afluente del Rhin. Su centro más importante es Bad Kreuznach y, en segundo lugar, Schlossböckelheim. Utiliza las tres cepas germanas para producir vinos ligeros y afrutados.

**Mosela-Sarre-Ruwer.** Es la zona más conocida. En ella se produce el famosos Mosela. Los vinos blancos y semidulces más famosos son los Braunenberg, Bernkastel, Piesport, Wehlen Zeltingen y Graach. Los vinos tienen un fresco y delicado aroma y sabor. La cepa que predomina es la Riesling.

**Baden.** Situada al otro lado de la región alsaciana, en dirección a la Selva Negra. Distritos como Ortenau, Kaiserstuhl-Tuniberg y Bodensee producen buenos vinos muy frescos. El tradicional Badisch Rotgold se obtiene mezclando Ruländer (Pinot Gris) y Spätburgunder (Pinot Noir).

**Mittelrhein.** Rhin central, de Bonn a Bingen. Es una pequeña región que produce vinos ligeros muy apreciados por los turistas que visitan esta zona.

**Rheinpfalz.** La zona del Palatinado presenta la mayor superficie de viñedos. Los productores más destacados, conocidos localmente como «Tres bes» son Bassermann-Jordan, Bürklin-Wolf y Von Bühl.

## VINOS DE ITALIA

Italia era denominada por los griegos *Oinotria*, patria del vino. La superficie de cepas cultivadas es de 1.500.000 ha y constituye el mayor productor de vinos del mundo.

## *Piamonte*

Está situada al sudeste de Turín. Turín es la capital y los principales centros vinícolas son Asti y Alba. Es la cuna del Vermut y produce los mejores y más famosos vinos del país. El Barolo y el Barbaresco, tintos obtenidos de la variedad Nebbiolo, tienen mucha fama. También destacan Barbera, Gattinara, el blanco Arneis y el espumoso Asti Spumante.

## *Toscana*

Esta zona, entre Florencia y Siena, es la tierra del célebre Chianti, un vino fuerte con fragancias de violetas y lirios. Destacan también vinos como Brunello di Montalcino y Vino Nobile di Montepulciano. La palabra «reserva» en la etiqueta indica que el vino ha envejecido durante cinco años en barrica.

## *Otras zonas productoras*

**Véneto.** Predominan los vinos blancos. Son famosos los Blanco Custoza, Berganze y la gama de los Coli Euganei.
**Lombardía.** Existen más de una treintena de vinos con DOC. Muchos de ellos son blancos como Colli de Garda, Capriano de Colle, Lugana, Valcalepio, Riesling... Entre los tintos destacan el Francia Corta y Rivierda del Garda Bresciano.
**Umbría-Lacio.** El Orvieto es el vino más famoso. Destacan, asimismo, Torgiano, Rubesco, Frascati y Est-Est-Est.
**Campania, Apulia y Sicilia.** En la zona volcánica del

Vesubio y el Etna se producen excelentes tintos y blancos. El vino más famoso de Roma es el Falerno, un vino potente y fogoso, aunque también destacan los Lacrimae Christi del Vesubio, Giuseppe Scala y Gran Caruso. Los Ischia son unos excelentes blancos, al igual que Graco di Tufo y Fiano di Avellino.. En Sicilia destaca el Marsala, un excelente blanco seco.

**Marca (Marche).** Lo más destacable de la región son los blancos; son recomendables los Verdicchio de Matelica y de Jesi. Se elaboran unos excelentes tintos como el Rosso Conero y el Rosso Piceno.

## VINOS DE AMÉRICA

### *Chile*

Las zonas de cultivo se extienden en tres regiones principales, ubicadas entre los paralelos 32 y 38 latitud sur. Su clima es templado mediterráneo, con días cálidos y noches frías. Además de definidos cambios estacionales, la presencia de valles y ríos que corren de este a oeste, de la cordillera de los Andes al océano Pacífico, configuran una geografía homogénea y particular. Las cepas proceden genuinamente de las francesas sin que hayan padecido plaga alguna. El resultado son vinos tintos de una **calidad excelente**, sobre todo los Cabernet Sauvignon:

**Región del Aconcagua.** Esta región de cultivo, la más septentrional del país, está atravesada por el río Aconcagua, que conforma un fértil valle transversal entre la cordillera y el mar. Favorecidas con excelente luminosidad y pocas lluvias, sus viñas acumulan los azúcares en forma especial. Destaca Viña Errázuriz con sus vinos Don Maximiliano Reserva del 91 (Cabernet Sauvignon frutoso, aterciopelado y largo), Merlot 92 y 93 (tintos), Semillon Blanc, Doña Leonor Reserva del 92 y Corton del 92 y 93 (blancos).

**Valle de Casablanca.** Se trata de una subzona vinícola ubicada en la región del Aconcagua, pero en la planicie costera. Su clima templado cálido recibe la influencia marítima de la corriente de Humboldt a través de las brisas. Viña Casablanca, con impresionantes viñedos, destaca en vinos tintos con Bosque Cabernet Sauvignon del 91 y el Viña Casablanca Cabernet Sauvignon del 90. En blancos, es excelente el Gewürztraminer Santa Isabel del 92, 93 y, especialmente, el 94.

Es preciso destacar asimismo la Villard Fines Wines, con excelentes caldos como el Merlot y Cabernet Sauvignon (tintos) y Chardonnay Reserva y Sauvignon Blanc (blancos).

**Región del Valle Central.** Este extenso valle limita naturalmente al este con la cordillera de los Andes, y al oeste, con la cordillera de la Costa. Se prolonga de norte a sur en una franja de más de 500 km, subdividida en pequeños valles formados por los ríos Maipo, Rapel, Mataquito y Maule.

**1. Zona del Maipo.** En el extremo norte del gran Valle Central se ubica el valle del Maipo. Su clima mediterráneo tiene variaciones térmicas entre el día y la noche que alcanzan los 20 ºC en verano. Junto con la Aconcagua, es la región donde se elaboran los mejores vinos chilenos. Es la más tradicional y la que elabora los **tintos más finos.** Las principales viñas de esta comarca son:

*Viña Concha y Toro.* Fundada en 1883, elabora Cabernet excepcionales, especialmente Don Melchor (uno de los Cabernet Sauvignon más laureados en certámenes internacionales), Casillero del Diablo y Marqués de la Casa Concha.

*Viña Cousiño Macul.* Produce, entre los tintos, Antiguas Reservas del 90, con cabernet sauvignon, además del Merlot 91. Pero destaca especialmente por los blancos, entre ellos Don Luis, Doña Isidora y Gris.

*Viña Canepa.* Relativamente joven, se ha especializado en tintos con Cabernet Sauvignon, destancando el Finísimo del 86 y los Novísimo Encina Francesa (90, 91 y 92).

*Viña Santa Rita.* Se remonta a los tiempos de la independencia chilena y sobresale por su serie de vinos 120, entre los que destaca el premiadísimo Medalla Real (87, 89, 91 y 92), así como el 120 Tres Medallas 89 y el Casa Real (89, 90 y 91). Asimismo cabe resaltar los blancos Chardonnay y S. Blanc.

*Viña Undurraga.* Fundada en 1885, no sólo importó las cepas de Francia, sino que utilizó la madera de encina de Bosnia para elaborar sus barricas. Se deben destacar los tintos Selección Especial y Vino Tinto, elaborados con Cavernet Sauvignon, así como el Pinot.

*Viña del Carmen.* Sus excelentes caldos son muy exportados, especialmente la serie de Margaux 91, el Merlot 90 y 92, y el Gran Reserva del 90. Cabe destacar asimismo, en blancos, el Sauvignon Blanc.

*Viña Tarapacá ex Zavala.* Su caldo más reconocido es el blanco Reserva Especial del 92 (con Sauvignon Blanc), aunque también destacan los tintos Gran Tarapacá (Cavernet Sauvignon) y Merlot.

*Viña Santa Carolina.* Destaca especialmente por sus vinos blancos: Reserva Especial del 92 (Sauvignon Blanc) y Tres Estrellas del 89.

*Viña Sta. Ema.* De origen italiano, tiene sus máximos exponentes en los tintos Cabernet Sauvignon Reserva, Cabernet Sauvignon y Merlot, así como en blancos con chardonnay y sauvignon blanc.

*Viña Sta. Inés.* Viñedos también italianos, destacan tanto en tintos (Legado de Armida, Sta. Inés Cabernet Sauvignon 91, Merlot) como en blancos (Chardonnay y Sauvignon Blanc).

*Viña Portal del Alto.* Fundada hace escasamente tres décadas, sobresale su excelente Cabernet Sauvignon Gran Reserva.

**2. Zona del Rapel.** Un poco más al sur surge el valle del Rapel. Sus temperaturas, propias de un clima mediterráneo subhúmedo, presentan una elevada amplitud térmica con bajas nocturnas. Entre sus viñas cabe destacar:

*Viña Santa Mónica.* A pesar de ser una viña pequeña, destaca por sus magníficos caldos tintos con Cavernet Sauvignon (Tierra del Sol, Reserva de Bodega y Envejecido en Bodega) y blancos (Sauvignon Blanc, Riesling, Chardonnay y Semillon Blanc).

*Viña Santa Emiliana.* Grandes exportadores, sobresalen sus tintos (Reserva Especial año 87, Cabernet Sauvignon, Merlot) y blancos (Sauvignon Blanc, Chardonnay y Reserva Especial Sauvignon Blanc).

*Viña Los Vascos.* Con dos siglos y medio de antigüedad, y

una asociación reciente con la sociedad francesa Barons de Rothschild, destacan su Gran Reserva y Cabernet Sauvignon (tintos) y el Chardonnay (blanco).

*Viña Porta.* Fundada por catalanes, desde 1990 elabora caldos propios tan reconocidos como el Viña Porta Cabernet Sauvignon, tinto, o el Chardonnay, blanco.

*Viña Domaine Rabat.* También de origen catalán, entre sus excelentes vinos destaca el Gran Selección de cabernet sauvignon y, entre los blancos, el Chardonnay y el Sauvignon Blanc.

*Viña Torreón de Paredes.* Desde 1979, estos viñedos chilenos destacan por su magnífico Cabernet Sauvignon.

*Viña Sta. Amalia.* Desde 1990, esta destiladora francesa se dedica a la elaboración de vinos mediante sistemas ecológicos, con uvas tratadas sin fertilizantes o insecticidas químicos, destacando especialmente la serie de Château Los Boldos.

*Viña Bisquertt.* Doña Sol Reserva (tintos) y Doña Sol Chardonnay y Sauvignon Blanc (blancos).

*Viña San Carlos de Cunaco.* De origen catalán, sus principales caldos son el tinto Viu Manent del 91 (cabernet sauvignon) y el blanco Viña San Carlos de Cunaco del 94 (sauvignon blanc).

*Viña Cono Sur.* A pesar de ser una de las empresas vinícolas de fundación más reciente (1992), despunta ya con vinos muy notables, como el Reserva Selección del 92 (cabernet sauvignon).

**3. Zona de Maule.** El valle del Maule se extiende también desde la cordillera hacia el mar y cuenta, al igual que los demás, con pequeños valles en su interior. Situada a unos

200 km al sur de la capital chilena, la de Maule es la zona de producción vitivinícola más extensa del país.

*Viña Discover Wine.* Una de las empresas más innovadoras en cuanto a diseño, marketing y exportación, destaca tanto en blancos (Montes Fume Blanc 92 y Montes Chardonnay) como en tintos (Montes Cabernet Sauvignon del 89, Montes Merlot del 91 y Nogales Cabernet Sauvignon).

*Viña Domaine Oriental.* Empresa francesa que elabora vinos para la exportación y que sobresale por sus Sauvignon Semillon, Cabernet Sauvignon y Cabernet Merlot.

*Viña Caliterna.* De reciente fundación, destaca por su innovadora tecnología y por sus Cabernet Sauvignon y Chardonnay.

*Viña San Pedro.* Con casi tres siglos de antigüedad, estos viñedos tiene sus principales bazas en los Castillo de Molina, Gato Blanco y Gato Negro.

*Viña Miguel Torres.* La longeva e internacional compañía de origen catalán, con viñedos en varios continentes, tiene su producción chilena en el valle de Curicó, atravesado por el río Mataquito. Entre sus excelentes caldos destacan Santa Digna (blanco, rosado y tinto), Don Miguel (riesling) y Bellaterra, y el tinto Manso de Velasco (cabernet sauvignon).

*Viña Carta Vieja.* Destacan blancos como el Reserva del Propietario (chardonnay) y el Sauvignon Blanc del 94, y el tinto Antigua Selección (cabernet sauvignon).

*Viña La Fortuna.* Sus productos están destinados preferentemente a los certámenes internacionales, donde han conseguido grandes éxitos con caldos como el Cabernet

Sauvignon y el Gran Reserva Cabernet Sauvignon (ambos del 90) o el Sauvignon Blanc del 93.
*Viña Valdivieso.* Entre sus vinos destacan el Sant Morillon (Reserva 89) y Sant Morillon, elaborados con Cabernet Sauvignon y Pinot Noir, y los blancos Saint Morillon Sauvignon Blanc y el Chardonnay Reserva del 93.
*Viña Condes de Maule.* Cooperativa destinada principalmente a la exportación, sobresale con el Condes de Maule Cabernet Sauvignon y el Sauvignon Blanc.
*Viña Echevarría.* Empresa vasca cuyos principales exponentes son el Viña Echeverría Reserva del 92 (Cabernet Sauvignon) y los blancos Chardonnay Unwooded y Oaked.
*Viña Segú Ollé.* De origen catalán, destacan sus Cabernet Sauvignon y Merlot en tintos y los Chardonnay y Sauvignon Blanc en blancos.
*Viña Terranoble.* Coooperativa de vinos destinados a la venta elitista, con cepas de Merlot, Tinta y Sauvignon Blanc.
**Región del Sur.** A la más austral y extensa región vitivinícola de Chile corresponden los valles que se forman en torno a los ríos Itata y Bío Bío. En esta zona, el clima es mediterráneo húmedo, por lo que sus temperaturas son ligeramente inferiores a las de los valles de más al norte.

Las **etiquetas** muestran una denominación distinta atendiendo a la edad del vino:

- **Viñas Courant:** vino de un año.
- **Viñas Special:** vino de dos años.
- **Viñas Reserva:** vino de cuatro años.
- **Viñas Reservado:** vino de seis años.

### *Argentina*

La historia de los viñedos argentinos arranca en el siglo XVI, cuando los españoles trasplantaron las mejores variedades europeas. Desde hace unos cien años se ha desarrollado una nueva tecnología de la elaboración del vino y de la plantación (viticultura) en las colinas de los Andes, que suministran un agua muy pura procedente de la fusión de las nieves.

El clima y el suelo argentinos han sido idóneos para la introducción de diversas variedades: Cabernet, Malbec, Merlot, Pinot Noir y Chardonnay. Los viñedos argentinos dan unos caldos muy típicos y característicos. Son afrutados, con cuerpo, ricos en extracto y en grado y de poca acidez. **Son mejores los tintos** que los blancos.

Los vinos espumosos también alcanzaron una categoría superior gracias a la introducción del método *champenoise*. Proviar elabora un buen vino espumoso etiquetado con el nombre de Champania M. Chandon.

Debido a la escasez de lluvias y a la gran cantidad de sol, combinado con vientos moderados, la chaptalización (adición de azúcar para aumentar la graduación de alcohol) nunca es necesaria e incluso está prohibida.

Destacan cinco grandes **regiones vinícolas**:

- Córdoba (los vinos más antiguos; destacan actualmente el Framboa, Vasija Mayor y Torrontés).
- Cafayate-Salta (Torrontés de Bodegas Cayafate, Barberá, Cabernet y Tinto Viejo Malvec de Bodegas La Rosa, y Etchart Gran Cosecha de Bodegas Etchart).

- La Rioja (con epicentro en Chilecito, destaca por sus tintos afrutados de gran cuerpo y alta graduación).
- Alto Valle del Río Negro (los vinos más meridionales del mundo).
- Mendoza.

**Mendoza** es la zona principal de la cultura vitivinícola argentina, dividida en cinco subzonas. La región alta del río Mendoza es la que produce los mejores vinos del país.

En Mendoza destaca especialmente *Bodegas Trapiche*, la mayor bodega y exportadora argentina, que elabora excepcionales tintos (Trapiche Medalla Tinto del 91, Trapiche Pinot Noir y Broquel Tinto) y blancos (Fond de Cave, Medalla Blanca y Trapiche Chardonnay) . Otros elaboradores destacados son:

*Andean.* Marca que engloba a cinco productores de Mendoza, y dirigida especialmente al mercado internacional. Buenos Chardonnay, Chenin Blanc y Cabernet Sauvignon.

*Bodegas Arizu.* Con los tintos Luigi Bosca y Casa de Piedra: también elabora un espumoso por el método *champenoise*, Champagne Arizu.

*Bodegas Valentín Bianchi.* Uno de los más conocidos productores de variedades robustas. Destacan el tinto Don Valentín Lacrado y Bianchi 1887, elaborado con Cabernet y Merlot.

*Bodegas Crillón.* Produce Embajador, un vino blanco, y Monitor, un espumoso fermentado en cuba.

*Bodegas Flichman.* Con los blancos Caballero de la Cepa, una mezcla de Cabernet y Sirah, y Flichman Argenta.

*Bodegas Greco Hermanos.* Con los tintos Castillo de Flandes y Cuevas Viejas. También elabora vinos blancos secos, con cuerpo, de la variedad Sémillon.
*Peñaflor.* Es el mayor productor argentino de vinos fortificados, incluyendo el bien conocido sherry Tío Quinto.
*Bodegas Santa Ana.* Productor de la zona de Mendoza cuyos viñedos son, mayoritariamente, de variedades tintas italianas como Barbera y Pinot Blanc. Entre los blancos destaca el seco White Pinot, y entre los tintos, Santa Ana Burgundy.

## *Otros países de América del Sur*

**Colombia.** Este país se ha apuntado recientemente a la elaboración de excelentes vinos, como los de Grajales (Reservado, tinto con Pinot Noir, Don Gerardo, Don Luis e incluso dulces, moscateles y bruts como el Gran Reserva), la cooperativa colombiano-chilena Provica o las Bodegas Ambrosía.

**Ecuador.** Pequeño productor pero con magníficas compañías como las Bodegas Unión Vinícola Internacional (Castell Real) y Bodegas Prodeconsa (Vinos del Mesón, blanco y tinto).

**México.** La tradición vitivinícola de este país se remonta a finales del siglo XVI, y sus principales zonas vinícolas son:

- La Laguna, con la Compañía Vinícola del Vergel y Casa Madero, y vinos como Viña de Santiago y Noblejo (blancos, tintos y rosados), Corina y Vergel Demi-Sec.

- Parras, con la Vinícola Marqués de Aguayo y vinos como el San Lorenzo y Mataró (tintos) y Rosario, Vesubio y Carlón Doble (tintos dulces).
- Saltillo, con la Vinícola de Saltillo y los vinos Álamo y González Dubosc.
- Baja California, con vinos como el Misión Santot Tomás, Santo Tomás Valdepeñas, Santo Tomás Barbera, Viña Oncalá (tintos), Monte Xanic, Calafia B.B. Domecq y Padre Kino (blancos).
- Aguascalientes, con vinos destacados como San Marcos y Pioneros (tinto, blanco y rosado) y California (tinto).
- Zacatecas, con la Unión Vinícola Zacatecana y excelentes vinos con Cabernet Sauvignon y blancos con Chardonnay.
- Distrito Federal, con algunas cofradías como la de Baco y excelentes tintos: San Pablo, Rivera, Condes de Ayala o Los Reyes.

**Perú.** Presenta importantes zonas de viñedos (Icha, Chincha, Moquegua, Tacna, Lacumba), aunque una producción modesta, destacando los blancos Ocucaje, los tintos Tacama y el célebre Pisco, base del cóctel pisco-sauer.

**Uruguay.** Presenta importantes zonas vinícolas como Canelones, San José, sur de Florida, Paysandú y Soriano. Destacan sobre todo sus tintos: Bodegas Cerros de San Juan (San Juan Fiestas, Cuna de Piedra), Sta. Rosa (Château Fond de Cave, Tres Coronas) y Joan Carrau (Castel Pujol), así como Bodegas Irurtia, Calvinor, Stagnari, Uvical y Faraut.

### *Estados Unidos*

La zona más destacada es **California**, dividida en varias subzonas, de las cuales el **valle de Napa** es la más significativa. En ella se encuentran Carneros, Oakville, Santa Elena y Calistoga. Destacan los tintos Cabernet y los logrados con la **cepa autóctona Zifandel**.

En Napa destacan las bodegas Burgues Cellars, Beringer, Carneros Creek, Château Chevalier, Domaine Chandon, Inglenook, Louis Martini, Robert Mondavi, Joseph Phelps y St. Clement.

En **Nueva York** y en otros estados **al este de las Montañas Rocosas** se producen vinos tradicionales de variedades autóctonas o de híbridos franceses y americanos con un marcado sabor local.

## VINOS DE OTRAS ZONAS MUNDIALES

### *Australia*

Australia produce vinos excelentes de muchos estilos diferentes. En la etiqueta, palabras como **Private Bin, Reserve Bin** o **Bin Number** indican que el vino se ha elaborado con uvas de un solo viñedo y que es de calidad superior.

### *Principales regiones australianas*

**Nueva Gales del Sur.** Destacan los vinos estilo clarete hechos con Shyraz, los blancos secos de Sémillon de **Valle**

**Hunter,** los excelentes tintos de **Mudgee** y **Rothbury Estate**, y los espumosos de **Rooty Hill**.

También son destacables los blancos Petaluma Chardonnay, Lake's Folly Chardonnay, Rothbury Estate Chardonnay y los tintos Lindeman's Hunter River Burgundy, Brokenhood Hermitage Cabernet Sauvignon y Tulloch Glen Elgin Estate Hermitage; y los espumosos McWilliams Brut y Tulloch Brut.

**Australia del Sur. Barosa**, con sus blancos afrutados de Riesling, es la zona vinícola más famosa de Australia. También elabora tintos clásicos de Cabernet Sauvignon. **Southern Vales** produce vinos blancos y tintos y oportos encabezados de gran calidad. **Coonawarra y Keppoch** ofrecen destacados tintos de Cabernet y Shiraz.

Asimismo, son buenos vinos de esta zona los blancos Enterprise Rhine Riesling, Leo Buring Rhine Riesling y Hill-Smith Estate Sémillon, y los tintos Reynella Coonawarra Cabernet Shiraz, Penfolds Cabernet Shiraz y Wolf Glass Black Label Cabernet Shiraz.

## *Sudáfrica*

Este país elabora **blancos muy atractivos destinados a consumirse jóvenes**. Las zonas donde se elaboran los mejores blancos son Stellenbosck y Paarl an Thulbagh. Destacan Fleur du Cap Sauvingnon Blanc, KVW Chenin Blanc, Theuniskraal Riesling y Harvest Superior.

Los **tintos** se producen en Constantia, Durbanville, Paarl y Stellenbosch. Son notables Zonnebloem Cabernet Sauvignon, Culemborg Pinotage y KWV Roedeberg.

Sudáfrica también produce **finos de calidad** (Stellenbosch y Paarl), **sherries dulces, moscateles** y varios estilos de **oporto** (Worcester, Robertson, Montagu y Bonnievale).

Las botellas suelen mostrar un precinto de color conocido como *Bus ticket*:

- El **azul** garantiza el lugar de producción.
- El **rojo** garantiza que al menos el 75 % del vino se ha elaborado en el año indicado en la etiqueta.
- El **verde** certifica que al menos el 75 % del vino se ha hecho con la variedad indicada.
- El **dorado** sugiere un vino de calidad superior.

## VINOS FORTALECIDOS

Los vinos fortalecidos son aquellos a los que se les ha añadido brandy para que su graduación alcohólica sea de **18 a 20º**.

Se elaboran tanto **versiones dulces como secas**: las primeras se consumen en los postres o después de las comidas y las segundas son muy populares como aperitivos.

Los reyes son el jerez de España (véase capítulo específico), el oporto de Portugal y el Madeira de la isla del mismo nombre. Son vinos muy imitados en muchas zonas vinícolas del mundo, que sin embargo nunca han conseguido igualarlos.

## *Oporto*

Está realizado con una combinación de uvas que crecen en el valle del Duero, hasta 20 variedades distintas. En un momento preciso, durante la fermentación, el vino **se trasiega a toneles de roble,** donde se añade una cuarta parte del fuerte brandy local.

El vino se embotella tras permanecer dos años en barrica y se esperan otros 20 años para conseguir el **Vintage**, que en este caso es sinónimo de calidad.

Son destacables Cockburn's, Croft, Delaforce, Dow's, Ferreira, Fonseca, Graham's, Gonzalez Byass, Quinto do Noval, Sandeman, Taylor's y Warre's.

## ***Madeira***

El vino de Madeira se descubrió por casualidad. Poco después de que la isla fuera avistada en 1418 bajo su perpetuo velo de nubes, se convirtió en un punto de suministro importante para los barcos con destino a África y al este. Al vino que cargaban estos barcos se le añadía un generoso chorro de brandy para evitar que se estropeara. Pronto se descubrió que la combinación de calor y agitaciones producidas en el barco sentaban estupendamente al vino.

Posteriormente, se reprodujeron estas condiciones de forma artificial con **estufas**, habitaciones que almacenaban unas enormes tinas calentadas con fuego.

Existen cuatro estilos de madeira, dependiendo de la variedad utilizada:

- **Sercial.** El más seco, se consume como aperitivo.
- **Verdelho.** Rico y dulce.
- **Bual.** Dorado, lleno, más suave y semidulce.
- **Malvasía (Malmsey).** Marrón oscuro y profundo, muy dulce en un primer momento, pero con un adiós seco de delicioso contraste.

Son conocidos y apreciados: Blandy Brothers, Cossart Gordon, Leacock, Lomelino y Rutheford & Miles.

# 22. LICORES

## LICORES DE ESPAÑA

En los principales países productores de caldos existe una gran tradición en la elaboración de licores diversos. Seguidamente se propone una mera lista orientativa de los más famosos, ya que son innumerables los licores de fabricación casera o artesanal:

- **Aromes de Montserrat.** Licor catalán elaborado a base de diferentes hierbas en la abadía de Montserrat.
- **Aromes de Rupit.** Licor de hierbas catalán originario de Sant Quirze de Besora.
- **Calisay.** Licor producido en Arenys de Mar (Barcelona) a base de plantas aromáticas, cortezas, semillas, raíces y quina calisaya.
- **Carmelitano.** Licor elaborado en Benicassim (Castellón) por los carmelitas. Se compone de especias aromá-

ticas y sustancias como corteza de naranja, melisa, cilantro...

- **Cuarenta y Tres.** Licor de hierbas elaborado en Cartagena (Murcia) con 43 ingredientes.
- **Flors del Remei.** Licor producido en Caldes de Montbui (Barcelona) a base de diferentes hierbas.
- **Gran Licor de Cerezas.** Licor producido en Cervera (Lleida) a base de cerezas guindas.
- **Palo.** Aperitivo originario de Mallorca que se prepara con quina calisaya.
- **Ponche.** Licor español compuesto de brandy y frutos aromáticos.

## Licores europeos

### *Francia*

- **Abricot**. Licor francés que se obtiene de la maceración de albaricoques en aguardiente de vino.
- **Bénédictine.** Licor obtenido mediante la combinación de 27 plantas diferentes: cilantro, melisa, tomillo, cardamomo, canela...
- **Cointreau.** Licor originario de Agers. Es un tipo de curaçao aromatizado con flores de azahar.
- **Chartreuse.** Licor a base de hierbas que originariamente preparaban los monjes cartujos de la abadía de Chartreuse en Grenoble.
- **Grand Marnier.** Licor de coñac, raíces y cortezas de naranja. Se envejece en barrica de roble durante 18

meses. Existen varios tipos: el amarillo se prepara con aguardiente, y el rojo, con coñac.

- **Parfait Amour.** Licor dulce muy aromático elaborado con aceites cítricos. Su color va del violeta al morado.

*Italia*

- **Amaro Cinzano.** Licor de sabor amargo que se toma como aperitivo.
- **Amaretto di Saronno.** Licor de sabor ligeramente amargo, compuesto de almendras, albaricoques, brandy y huesos de frutas.
- **Anesone.** Licor de carácter anisado y sabor de regaliz.
- **Bergamo.** Licor elaborado, entre otros, con aceites esenciales de peras bergamota y limón.
- **Prunella.** Licor italiano elaborado con ciruelas.

*Países Bajos*

- **Advokaat.** Licor compuesto de Ginebra, yemas de huevo y sustancias aromáticas.
- **Bessenjenever.** Licor semidulce que se obtiene con ginebra seca y casís.
- **Half on Half.** Licor neerlandés de sabor agridulce, compuesto de curaçao y bitter de naranja.
- **Pimpeltjens.** Licor de hierbas y piel de naranjas dulces y amargas.

*Escocia*

- **Athol Brose.** Licor de whisky y miel o avena.
- **Drambuie.** Licor de whisky, miel de brezo y hierbas aromáticas.
- **Gean Whisky.** Licor hecho con whisky y cerezas negras.

*Irlanda*

- **Baileys.** Licor originario de Irlanda y compuesto de whisky y crema de leche de soja.
- **Gressy.** Licor irlandés que se elabora con whisky y crema de leche.
- **Irish Coffee Liqueur.** Licor dulce compuesto de miel, whisky, hierbas y esencia de café.
- **Irish Cream.** Licor irlandés elaborado con whisky y crema de leche.

*Inglaterra*

- **Bertram's.** Elaborado con naranjas.
- **Malibú.** Licor elaborado a base de coco y ron jamaicano.
- **Pimm's.** Bebida creada por James Pimm que se comercializa desde 1870. Aunque existían seis tipos, actualmente sólo se comercializa el quc se elabora con ginebra.

*Alemania*

- **Berlinerweiss.** Licor de baja graduación a base de frambuesas.
- **Ettaler.** Licor dulce de hierbas que se elabora en el monasterio de Ettal (Alpes bávaros).
- **Kartaeuserlikoer.** Licor similar al Chartreuse.
- **Krambambuli.** Licor elaborado con angélica.

## OTROS LICORES

*Estados Unidos*

- **Cherry Bounce.** Licor estomacal preparado con Kirsch.
- **Rock and Rye.** Elaborado con whisky de centeno, contiene azúcar candi en el interior de la botella.
- **Southern Confort.** Procedente de Nueva Orleans y compuesto de whisky, melocotones, hierbas y naranjas.

*China*

- **Ma Zong Chiem.** Licor que contiene un lagarto dentro de la botella.
- **Mei Kwei Lu Chiew.** Licor digestivo de Taiwan.
- **Moi Kwai-Lo.** Licor de rosas de aroma intenso.

*Rusia*

- **Barenjager.** Licor dulce que se elabora con miel.

- **Kislav.** Licor preparado con sandía.
- **Princhе.** Licor de vodka y yemas de huevo.

## *Otros licores renombrados*

- **Curaçao.** Elaborado con cortezas verdes de naranjas amargas, originales de la isla de Curaçao. Puede ser azul, verde, rojo, blanco...
- **Mandarine Napoleon.** Licor belga elaborado con coñac y pieles de mandarina maceradas en aguardiente.
- **Mangaroca.** Licor de coco procedente de Brasil.
- **Maraschino.** Licor elaborado en Dalmacia que se obtiene por destilación de cerezas «marascas».
- **Pasha.** Licor de café elaborado en Turquía.
- **Sorbino.** Licor finlandés elaborado con cerezas.
- **Tía María.** Licor jamaicano de café, ron y vainilla.

# 23. PREPARE SUS PROPIOS VINOS Y LICORES

## Utensilios y procedimientos

Las recetas incluidas en este apartado son muy sencillas de elaborar. Sólo son necesarios los ingredientes, algunos recipientes para mezclarlos o mantenerlos en maceración, y botellas o garrafas para guardar los licores obtenidos.

El **aguardiente** es el ingrediente que puede plantear más problemas, ya que casi no se encuentra en el comercio. Es el producto de la destilación del vino. Dentro del sector de los licores, el más corriente era la prueba de holanda.

### *Denominaciones del aguardiente*

- **Flojo.** 16 a 18 grados Cartier (37 a 46 Cent.).
- **Simple.** 19 a 20 grados Cartier (49 a 53 Cent.).

- **Prueba de holanda.** 21 a 23 grados Cartier (56 a 62 Cent.).
- **Prueba de aceite.** 24 a 25 grados Cartier (64 a 67 Cent.).
- **Prueba de pólvora.** 26 a 31 grados Cartier (70 a 80 Cent.).
- **Alcohol.** 32 a 37 grados Cartier (82 a 91 Cent.).

El alcohol es un aguardiente de graduación. Para elaborar los licores adquiera alcohol neutro en una vinatería y rebájelo con agua de lluvia o agua destilada hasta llegar al grado que se precisa en la receta.

Para saber la graduación de la mezcla, se emplea un instrumento llamado **alcohómetro**. El más usual es el llamado Gay Lussac, que da la indicación en grados centesimales.

La mayoría de recetas, sin embargo, ya especifican la cantidad de alcohol y agua que se debe mezclar. En otras, se habla de **licor base.** Para prepararlo, mezcle 10 litros de agua y 6 kg de azúcar por cada 10 litros de alcohol.

## *Operaciones*

Para preparar los licores, el procedimiento más habitual es dejar **macerar** los ingredientes vegetales con el alcohol para que éste extraiga los cuerpos aromáticos, o bien **mezclar zumos** previamente preparados (en el caso de frutas) con el alcohol. Otros procedimientos se basan en mezclar el alcohol con una solución alcohólica de esencias o con una o más tinturas aromáticas.

En las preparaciones por maceración es necesaria la **fil-**

**tración.** Para filtrar rápidamente se emplean tejidos compactos como algodón, hilo o fieltro. Lave los filtros de tela aunque sean nuevos para que no comuniquen sabores.

Para obtener líquidos muy transparentes, emplee el papel de filtro, doblado cuidadosamente para que no forme bolsas. Asegúrese de que el embudo está seco y vierta el líquido en las paredes del filtro.

## INGREDIENTES

Para elaborar licores y vinos medicinales caseros se pueden emplear una gran variedad de plantas (hojas, tallos, semillas y flores), frutas (machacadas o en zumo), cacao, café...

Si usa plantas, puede beneficiarse de sus cualidades medicinales.

### *Plantas sedantes*

**Albahaca.** Se usa toda la planta y se puede cultivar en el jardín.
**Laurel.** Se usan las hojas. Es calmante, tónico para los nervios y favorece la digestión.
**Marialuisa.** Se usan las hojas. Sirve para los nervios y la migraña.
**Naranjo.** Se usan las flores y las hojas. Sirve para calmar los nervios, para paliar el insomnio y para aliviar los dolores de estómago de tipo nervioso.
**Valeriana.** Se usa la raíz seca y es muy efectiva para calmar los nervios.

## *Plantas tonificantes*

**Centaura.** Los brotes floridos, una vez secos, se emplean contra la desgana.
**Té.** Es bueno para elevar un ánimo decaído.

## *Plantas para las vías respiratorias*

**Eucalipto.** Se usan sus hojas. Constituye un eficaz antiséptico de las vías respiratorias y un magnífico antigripal.
**Hisopo.** Fluidifica las secreciones y es expectorante.
**Menta piperita.** Se usa toda la planta. Sirve para curar resfriados y para descargar el pecho.

## *Plantas para el aparato digestivo*

**Anís.** Se usan las semillas.
**Hinojo.** Se usan los frutos. Es estomacal y carminativo.
**Manzanilla.** Se usan las flores. Se emplea para cólicos, pero también es eficaz para calmar los nervios.

## *Plantas para el corazón*

**Limón.** Se usan los frutos y las hojas. Es tónico y un estimulante cardíaco.

## *Plantas depurativas*

**Cola de caballo.** Se usa toda la planta. Favorece la micción y se emplea para el hígado y las arenillas del riñón.

**Dulcamara.** Se usan las ramas del año anterior. Depura la sangre y se emplea para orinar y para el reuma.
**Grama.** Depura la sangre y se emplea para el hígado, la gota y el reuma.

## VINOS CASEROS

Elaborar vino requiere un método complejo, tiempo y conocimientos. Sin embargo, se puede elaborar un rudimentario vino blanco casero poniendo las uvas al sol durante unos cuantos días, estrujándolas para que saquen el jugo y dejando que se escurran. Por cada cuatro litros de mosto ponga un litro de alcohol.

### *Vinos aromáticos*

En Europa se han usado tradicionalmente vinos aromáticos medicinales. Se elaboran con buenos vinos de alta graduación para extraer mejor los principios activos de la planta: blancos secos, vinos de jerez o vinos de málaga. Para elaborarlos se pueden utilizar todas las plantas aromáticas.

<u>*Vino de angélica*</u>

*30-40 g de frutos o raíces de angélica.*
*1 litro de vino tinto.*

**Reconstituyente y digestivo**. Macere durante una semana los frutos y raíces triturados con el vino.

*Vino de melisa*

*60 g de melisa.*
*1 litro de vino blanco.*

**Tónico, digestivo, sedante y antiespasmódico.** Macere durante un día la planta en un litro de vino blanco calentado entre 35 y 40 °C.

*Vino de canela*

*30 g de canela de Ceilán.*
*1 litro de vino de málaga.*

**Estimulante.** Macere durante diez días y filtre seguidamente.

*Vino de enebro*

*60 g de frutos de enebro.*
*10 g de corteza de limón.*
*1 litro de vino blanco.*

**Diurético y estomacal.** Macere los frutos de enebro y la corteza de limón en el vino durante 10 días.

*Vino de hinojo*

*150 g de frutos de hinojo.*
*1 litro de vino blanco.*

**Estomacal y carminativo.** Tenga en maceración, durante una o dos semanas, los frutos y el vino.

## RATAFÍAS

El origen de las ratafías es muy antiguo y se consideran oriundas del Pirineo catalán. La expresión latina *Ut rata fiat* («el acuerdo está sellado») sirvió para nombrar este licor.

*Ratafía de piel de naranja*

*125 g de pieles de naranja.*
*2 litros de alcohol y 2 litros de agua.*
*1,5 kg de azúcar.*

Saque la piel amarilla de las naranjas y póngalas dentro del alcohol. Añada el agua y el azúcar mezclados.

*Ratafía de cerezas*

*Cerezas maduras de la mejor calidad.*
*Aguardiente (tipo prueba de holanda).*
*Azúcar.*

Pique las cerezas sin sacarles el hueso. Añada un litro de aguardiente por cada litro de este preparado. Téngalo en maceración durante un mes, removiendo a menudo.

Cuele este preparado y exprima bien la pasta que quede. Añada 200 g de azúcar por cada 800 g de líquido. Una vez disuelto, sáquelo con cuidado para separar los posos y póngalo dentro de una garrafa.

## *Ratafía de peras*

*1 litro de zumo de peras maduras.*
*4 litros de alcohol de 85°.*
*2,5 kg de azúcar.*
*5 litros de agua.*

Disuelva el azúcar en agua caliente y agregue el resto de los componentes. Filtre y guarde en una garrafa o en botellas de vidrio.

## *Ratafía de nueces*

*1 kg de nueces verdes con cáscara.*
*2 litros de aguardiente fino.*
*1 kg de azúcar.*
*15 g de canela en polvo.*
*4 g de clavo de especia.*
*1 litro de agua caliente.*

Machaque bien las nueces y téngalas en maceración durante un mes en el aguardiente, junto con la canela y el clavo. Cuele a través de un lienzo y agregue el agua caliente con el azúcar. Deje en reposo 30 días y filtre.

## Licores caseros

### *Licor de naranja*

*2 litros de agua.*
*1 litro de alcohol.*
*1 kg de azúcar.*
*La piel de una docena de naranjas.*

Mezcle el agua, el alcohol y el azúcar, y añada la piel de las naranjas cortada finamente. Añada un dátil confitado, un albaricoque y un poco de vainilla, y tenga en maceración durante un mes. Remueva cada día. Filtre y envábelo.

### *Licor de higos*

*1 kg de higos secos muy sanos.*
*10 litros de licor base.*
*2,5 litros de agua.*
*50 g de bayas de enebro machacadas.*

Ponga las bayas y los higos abiertos en maceración en el agua durante 5 días. Cuele y agregue el licor base. Remueva bien, vuelva a colarlo y embotéllelo. Este licor no puede guardarse durante mucho tiempo.

## *Licor de albaricoque*

*3 litros de vino blanco.*
*3 kg de albaricoques.*
*500 g de azúcar.*
*1 l de coñac.*
*8 g de canela en polvo.*

Trocee y deshuese los albaricoques y póngalos a macerar en el vino durante cinco días. Agregue el resto de ingredientes y hiérvalo durante 20 minutos. Pase a una vasija de barro o cerámica, tape bien y deje reposar durante siete días. Cuele el preparado, páselo por un papel de filtro y embotéllelo.

## *Licor de leche*

*1 litro de leche.*
*1 litro de alcohol.*
*3 naranjas.*

Ponga la leche y el alcohol a macerar con las naranjas troceadas, dentro de una garrafa de vidrio, durante tres o cuatro semanas. Remueva diariamente. Fíltrelo y, si quedan posos, vuelva a filtrarlo. Guárdelo en botellas.

*Licor de cacao*

*1,5 kg de semillas de cacao tostadas y trituradas.*
*8 litros de alcohol de 56º.*
*2 litros de agua.*
*4 g de vainilla.*
*2,5 kg de azúcar.*

Tenga en maceración las semillas y la vainilla durante dos semanas en el alcohol. Filtre, reserve el alcohol y ponga el residuo filtrado a hervir en el agua. Mezcle este líquido y el azúcar hasta que esté bien disuelto y añada este jarabe al alcohol.

*Licor de menta*

*5 kg de sumidades florales y hojas de menta.*
*3 litros de alcohol de 85º.*
*4 kg de azúcar.*
*8 litros de agua.*

Tenga en maceración durante 10 días la menta con el alcohol. Pasado este tiempo, filtre y agregue el jarabe hecho con el agua y el azúcar. Vuelva a filtrar y guárdelo.

*Licor de limón*

*10 litros de licor base.*

*200 g de corteza de limón.*
*100 g de corteza de naranja.*
*5 g de clavo de especia.*
*5 g de macis.*
*500 g de alcohol.*

Tenga los vegetales en maceración en el alcohol durante 10 días. Filtre y añada el licor. Opcionalmente, agregue unas gotas de colorante alimentario amarillo para darle color.

# 24. LICORES Y POSTRES

## MOUSSES Y POSTRES CON BIZCOCHOS

Un postre original y con un típico toque inglés es una **mousse cuajada de chocolate y menta**. Funda 100 g de chocolate troceado en 1/4 de litro de leche y añada 5 hojas de gelatina. Páselo por un colador fino. Trabaje 5 yemas de huevo con 150 g de azúcar hasta que estén espumosas y agregue, poco a poco, el chocolate caliente sin dejar de remover. Deje enfriar y añada medio vaso de licor de menta y 300 g de nata montada con dos cucharadas de azúcar. Incorpore cuidadosamente las claras montadas a punto de nieve. Viértalo en un molde caramelizado y deje en el congelador hasta que cuaje.

### *Postres con bizcochos*

**Carlota de fresones.** Revista con bizcochos un molde previamente untado con mantequilla. Elabore una crema hirviendo 1/4 de litro de leche, 12 cl de nata y 1 palo de vainilla. Agregue una mezcla de 4 yemas de huevo y 100 g de azúcar, y cueza a fuego lento. Añada 12 hojas de cola de pescado, agregue otros 12 cl de nata y bata bien. Limpie y corte a tiras 750 g de fresones. Disponga una capa de crema, cúbrala con fresones y así sucesivamente. Refrigere unas horas, desmolde y adorne con nata y algunos fresones.

**Postre de soletillas, crema y naranjas.** Pele 5 o 6 naranjas y guarde una de las cáscaras. Córtelas en rodajas finas. Colóquelas en una ensaladera de cristal de forma que cubran fondo y paredes. Eche en un plato sopero el zumo que hayan soltado y el de las naranjas sobrantes, y añada medio vasito de Cointreau o Curaçao y 2 cucharadas de agua. Remoje las soletillas (necesitará unos 300 g) y colóquelas encima de las naranjas. Ponga la leche a cocer con la cáscara de naranja y 75 g de azúcar. Bata 4 yemas de huevo, 75 g de azúcar, 1 cucharada de harina fina, 1 cucharada de harina de maíz y medio vasito del licor escogido. Mezcle cuidadosamente con la leche y cueza removiendo. Vierta la mitad sobre el molde, ponga una capa de soletillas sin remojar y vierta el resto. Cubra con más soletillas. Meta en la nevera durante varias horas y desmolde con cuidado.

## *Pastel Bagdad*

*200 g de chocolate.*
*30 o 40 galletas rectangulares.*

*300 g de nata montada.*
*25 g de mantequilla.*
*1/2 vaso de café.*
*1 copita de licor de café.*

Funda el chocolate troceado al baño María con la mantequilla. Mezcle el café con el licor y bañe las galletas con esta mezcla. Cubra con parte de ellas la base de un molde rectangular. Vaya alternando capas de chocolate, nata y galletas. Refrigere durante unas horas, desmolde y adorne con nata. En lugar de galletas puede usar bizcochos.

## Postres con frutas

Elabore un postre delicioso que mezcle la dulzura de unas **manzanas guisadas** con el frescor del helado. Pele dos manzanas grandes, pártalas por la mitad horizontalmente y quíteles el corazón. Rocíe con zumo de limón. Funda 50 g de mantequilla en una sartén grande y añada las manzanas. Espolvoree con 2 cucharadas de azúcar y 1 de canela, y deje cocer tapado durante unos 5 minutos. Dé la vuelta a las manzanas y vuelva a espolvorear con la misma cantidad de azúcar y canela. Cueza otros 5 minutos.

Ponga las mitades de manzana en cuatro platos, coloque una bola de helado de vainilla sobre cada una de ellas y rocíe con una salsa que habrá preparado mezclando el líquido de la cocción con 1 copita de licor de naranja.

### *Copas de frutas*

Las copas de frutas toman su punto justo si las acompaña de helados o nata y las rocía con el licor de la misma fruta o con alguna otra variedad que aporte un buen contraste de sabores.

Para hacer una original **copa de mandarina,** bata 250 g de helado de chocolate con seis cucharadas de Cointreau y reparta en copas. Distribuya por encima 250 g de nata montada y varios gajos de mandarina en dulce. Conserve en la nevera. Con esta receta puede realizar **copa de melocotón** si usa melocotón en almíbar y licor de esta fruta.

Si lo prefiere, puede preparar una **copa de otoño:** pele 4 peras y córtelas a gajos. Pele 4 higos frescos y córtelos a cuartos. Pele 2 plátanos y córtelos en rodajas. Corte 4 ciruelas a cuartos y quite la piel a 2 naranjas y córtelas en finas rodajas. Agregue 200 g de uva y rocíe con zumo de limón.

Eche 50 g de azúcar y vierta por encima una copita de licor de pera. Deje macerar un rato en la nevera y sirva con 500 ml de nata montada con 2 cucharadas de azúcar.

## Crepes con cerezas

*100 g de harina.*
*1/2 cucharadita de sal.*
*1 huevo.*
*300 ml de leche.*

Para el relleno:

*300 g de cerezas.*

*4 cucharadas de Kirsch.*
*2 cucharadas de almendras finamente troceadas.*
*2 cucharadas de azúcar glas.*
*250 ml de nata montada.*

Mezcle bien todos los ingredientes de los crepes con una batidora hasta conseguir una consistencia semilíquida. Ponga al fuego una sartén con un poquito de aceite y vierta la octava parte de la masa (debe cubrir el fondo de la sartén). Incline la sartén para que se distribuya uniformemente y cueza a fuego moderado durante 15 segundos por ambos lados.

Lave y deshuese las cerezas y póngalas a macerar en el Kirsch por lo menos durante 5 horas. Precaliente el horno a 200 ºC. Escurra las cerezas y divídalas entre los 8 crepes. Enróllelos y colóquelos en una fuente para horno, espolvoree con las almendras y el azúcar glas, y hornee durante 10 minutos. Sirva los crepes calientes acompañados de la nata montada.

## Helados y sorbetes

Cuando prepare postres helados con frutas, puede hacer más intenso su sabor si añade un vasito de licor de la fruta que emplee. Además, si los prepara sin heladora, impedirá que se cristalicen. Los licores deben usarse con moderación (una o dos cucharadas) ya que, de lo contrario, enmascaran el sabor de los demás ingredientes.

Si no usa heladora, bata los postres helados cada media hora mientras se están congelando.

## *Helados*

**Helado de cerezas.** Haga un almíbar ligero con 2 dl de agua, 150 g de azúcar, una vaina de vainilla y un trozo de corteza de limón. Ponga a cocer en este almíbar 1 kg de cerezas bien lavadas y sin hueso. Déjelo cocer 10 minutos y páselo por la batidora. Añada una copa de Kirsch.

**Helado de melocotón**. Cueza 1 kg de melocotones cortados a trozos durante 15 minutos en un almíbar que preparará como en la receta anterior. Páselo por la batidora hasta obtener un puré fino y añada un poco de licor de melocotón.

**Helado de pera.** Prepárelo igual que en las recetas anteriores y añada el zumo de dos limones para evitar que las peras se ennegrezcan. Agregue un chorrito de licor de pera.

## *Sorbetes*

**Sorbete de kiwi.** Pele 1 kg de kiwis y córtelos a rodajas. Páselos por la batidora junto con el zumo de un limón. Ponga a cocer un vaso de agua con 150 g de azúcar y una vaina de vainilla durante 5 minutos. Deje enfriar y mezcle con el puré de kiwis. Póngalo en la heladora.

**Sorbete de piña**. Haga un almíbar ligero con 12 cucharadas de agua y 6 cucharadas de azúcar. Pele y triture una piña, mézclela con el almíbar y una copita de Cointreau, y póngalo en el congelador hasta que esté helado. Retírelo raspándolo con una cuchara y mézclelo con 2 claras montadas a punto de nieve. Déjelo en el congelador 2 horas más. En el momento de servirlo, ráspelo de nuevo con una cuchara y adorne con una guinda.

# 25. VINO, PASADO Y FUTURO

## El vino en la literatura

**Quevedo** dijo: «No hay disparate en el mundo tan grande que no tenga ley que lo apoye. Y mira si hay mayor disparate que no beber vino y no comer tocino, y tiene la ley de Mahoma que lo abone».

Aun así, el vino no es santo de la devoción de todo el mundo, aunque día a día crece el número de quienes son capaces de apreciar un buen caldo.

Hasta el mismo **Dante**, refiriéndose a los vinos de Toscana, escribió: «Mira el calor del sol que se hace vino / que está al amor del zumo de la vid».

### *Admiradores-consumidores*

Literatura y vinos parecen indisolublemente unidos. **Alejandro Dumas** exclamaba grandilocuente, emocionado y extasiado: «El Montrachet... de rodillas y destocados hemos de beberlo».

**Alfonso X el Sabio** ensalzó en sus *Cantigas* el ribeiro; **Blasco Ibañez**, gran aficionado, homenajeó a los vinos en su novela *La bodega*; **Columela**, en su segundo libro *De re rustica,* nombraba los montillas y moriles de Córdoba, y **Plinio** afirmaba: «El vino es por sí solo un remedio. Nutre de fuerzas la sangre del hombre, alegra el estómago, adormece las penas y las preocupaciones».

## *Los clásicos*

Los vinos españoles han tenido quien los alabe, los cante y los goce largamente. Los vigorosos tintos de Toro se destacan en *El libro del buen amor,* del **Arcipreste de Hita**, y son también apreciados por **Luis de Góngora, Francisco de Quevedo** (debía de ser una de las pocas cosas en que estaban de acuerdo) y Alfonso XI.

El famoso vino de Murviedro es citado entre «lo mejor que se bebía en la ciudad» por la pícara **Celestina**, quien no tiene pelos en la lengua al afirmar: «El vino no tiene sino una tacha; que lo bueno vale caro y lo malo hace daño».

El vino de Esquivias fue uno de los preferidos de **Cervantes,** quien lo nombraba con frecuencia, **Lope de Vega** y **Tirso de Molina**; el vino toledano de Yepes fue elogiado por **Jorge Manrique** y también por **Quevedo** en *El baile de los borrachos.* Cervantes cita el Descargamaría, un vino blanco de la sierra de Gata, y el Guadalcanal en *El licenciado Vidriera.*

**Séneca** presumía en Roma de sus viñedos en tierras cordobesas, y **Gonzalo de Berceo** alabó los caldos de la zona de La Rioja.

## EL VINO EN INTERNET

Las revistas de enología empiezan a mostrarse en Internet. La primera en hacerlo ha sido la estadounidense *American Journal of Enology and Viticulture.* Hasta hace poco sólo era una página web **(http://home.aol.com/ajev)** con una declaración de intenciones y algunos datos de interés de la ASEV (American Society for Enology and Viticulture).

Esta última sociedad tiene un web completo dentro del servidor del Departamento de Viticultura y Enología de la Universidad de Davis **(http://wineserver.ucdavis.edu/).** El servidor se dedica exclusivamente al mundo del vino, contiene toda la información sobre el departamento (cursos, títulos, profesorado, horarios...) y permite acceder a las últimas novedades editoriales sobre el vino y a una revista en formato digital, *Viticulture & Enology Briefs*, que informa sobre las últimas novedades en materia científica y sobre los servicios de educación y reciclaje que ofrece esta universidad a los enólogos. Para quienes quieran explorar el mundo del vino en Internet, existe un directorio de las direcciones más significativas.

Recientemente, también ha aparecido la revista *Australian Journal of Grape and Wine Research*, editada por la Australian Society of Viticulture and Oenology **(http:/www.winetitles.com.au/ ajgwr.html)**.

### *Buscar por buscar*

Cuando se tiene una idea muy precisa de lo que se busca se puede recurrir a un poderoso buscador, Altavista, **(http//: altavista.digital.com/)**, que en pocos segundos buscará la palabra deseada.

Es preciso que la palabra no sea genérica porque, en caso contrario, el resultado serían miles de direcciones muy difíciles de clasificar. Es necesario considerar también que las palabras se introducen sin ningún tipo de relación entre ellas, de forma que si buscamos «vino» no saldrá referencia alguna que incluya «wine».

También son útiles otros sistemas de búsqueda con directorios, como:

- **Yahoo! (www.yahoo.com)**. Recursos de ámbito mundial.
- **Vilaweb (www.vilaweb.com).** Recursos de ámbito catalán
- **¿Dónde? (www.donde.es).** Recursos de ámbito hispano

# GLOSARIO

**Aclareo.** Limpidez natural quc consigue el mosto tras su completa fermentación.

**Aerobio.** En contacto con el aire.

**Agrafe.** Grapa que cierra y sujeta el tapón del espumoso y que paulatinamente sustituye al morrión.

**Airén.** Variedad de uva blanca tradicional en la meseta sur de la península Ibérica.

**Alarife.** Variedad de uva característica de la provincia de Cáceres.

**Albarizas.** Tierras calizas de color blanco de óptima calidad para la vid, típicas de las zonas de Jerez y Montilla-Moriles.

**Albillo.** Vino hecho con uva Albilla.

**Alcañón.** Uva blanca tradicional del Somontano.

**Alcohol vínico.** Destilado de vino puro de muy alta graduación alcohólica.

**Alicante.** Variedad de uva tinta tradicional del Levante español.

**Aloque.** Vino clarete de color rojo claro.

**Amontillado.** Vino más oscuro que el Fino y menos ácido. Es suave y de aroma penetrante, sabor avellanado y entre 17 y 21º de alcohol.

**Andana.** Hilera de botas montadas a tres o cuatro alturas. También se llama cachón.

**Añada.** 1) Año de la cosecha de un vino destinado a reserva. 2) Sistema de crianza de un vino consistente en dejarlo envejecer sin añadirle posteriormente vinos más jóvenes.

**Añejo.** Vino envejecido en barrica o en botella.

**AOC.** En el sistema francés, vinos de Denominación de Origen Controlada.

**AO VDQS.** En Francia, Denominación de Origen de Vinos Delimitados de Calidad Superior.

**Apellation Controlée.** Denominación Controlada. Sistema francés de control y normalización de la producción de vinos.

**Arroba.** Medida utilizada para el vino. Equivale a 16 litros.

**Arrope.** Mosto hervido que se utiliza en ciertos vinos generosos. Puede tomar consistencia de jarabe.

**Asoleo.** Acción de someter las uvas vendimiadas a la influencia del sol con objeto de aumentar la concentración de sus azúcares y obtener pasas.

**Azufrado.** 1) Espolvoreo de las vides con azufre para librarlas de ciertas plagas. 2) Desinfección de las cubas u otros envases mediante la quema de azufre en su interior.

**Barrica.** Tonel de madera para almacenamiento y transporte de vino. La barrica bordelesa tiene una capacidad de 225 litros.

**Bazuqueo.** Mezcla y removido de uvas y mosto con una

especie de pala. Sirve para obtener más color y taninos, y puede ser manual o mecánico.

**Beaujolais.** Vino joven obtenido por maceración carbónica procedente de una región francesa al sur de Borgoña.

**Blanc de Blancs.** Vino elaborado con uvas blancas de más de una variedad.

**Bobal.** Variedad de uva tinta tradicional del Levante español.

**Bocoy.** Vasija de roble o castaño que se utiliza en Andalucía para la fermentación o crianza de vinos. Su capacidad es de 40 arrobas (unos 650 litros).

**Bodega.** 1) Bodega de pisa y fermentación donde se obtiene el mosto y se hace el vino. 2) De crianza y envejecimiento.

**Borba.** Variedad de uva abundante en Extremadura.

**Borgoña.** Vino de la región francesa del mismo nombre.

**Bota.** 1) Vasija de roble, español o americano, que se utiliza para el envejecimiento de vinos y brandies. Su capacidad es de 30 arrobas (unos 500 litros). 2) Recipiente de cuero pare beber vino.

**Bourgeois.** Categoría de vinos de Burdeos. Se aplica a viñedos por debajo de la categoría clasificada.

**Brancellao.** Variedad de uva tinta autóctona de Galicia.

**Brandy.** Aguardiente destilado de vino añejo y envejecido en madera de roble.

**Brut.** Cava muy seco (menos de 15 g/litro de azúcar). Cuando posee menos de 6 g/litro se denomina Extra Brut.

**Burdeos.** Vino procedente de la región francesa del mismo nombre.

**Cabeceo.** Mezcla de vinos de crianza jóvenes con otros maduros.

**Cabernet Blanc.** Variedad de uva blanca originaria de Francia.

**Cabernet Franc.** Cepa bordelesa de la que deriva la Mencía.

**Cabernet Sauvignon.** Variedad de uva tinta noble, originaria de Burdeos.

**Caiño.** Variedad de uva blanca y tinta, originaria de Galicia.

**Cántara.** Recipiente de bronce con asa para medir y trasvasar vinos. Su capacidad es de 16 litros.

**Cápsula.** Cubretapón o cubrecorcho que llevan las botellas de vino. En vinos de calidad son de estaño y plomo.

**Carbónico.** Gas que se origina durante la fermentación alcohólica. Se habla de vino de aguja o espumoso, según la presión, si el gas procede de la misma fermentación, y de vino gasificado si se añade artificialmente.

**Cariñena.** Variedad de uva tinta (también llamada Mazuela).

**Cayetana.** Variedad blanca de alto rendimiento. Es muy abundante en Extremadura.

**Cencibel.** Variedad de uva tinta, idéntica a la Tempranillo.

**Cepa.** Tronco de la vid. Por extensión también designa a la planta.

**Cepage.** Palabra francesa que designa a un tipo de uva determinado.

**Chais.** Bodega bordelesa.

**Chaptalización.** Adición de azúcar al mosto para elevar el grado alcohólico final.

**Chardonnay.** Variedad de uva blanca originaria de Borgoña.

**Châteaux.** Se emplea en Burdeos y otras zonas para designar la finca rústica donde se realiza todo el proceso de plantación de los viñedos y elaboración del vino.

**Chelva.** Variedad de uva abundante en Ávila.
**Chenin Blanc.** Uva blanca procedente de Francia.
**Claret.** Vino francés tradicional de los siglos XVIII y XIX. Se elaboraba con mezclas en las que solían aparecer mostos de uvas tintas del Levante español.
**Clarificación.** Procedimiento para eliminar las partículas existentes en el vino después de la fermentación, tanto en solución como en suspensión, que afectan a su transparencia y limpidez. Se realiza mediante sustancias clarificantes como albúminas, gelatinas, arcilla...
**Climats.** Término utilizado en la región de Borgoña para designar el viñedo de un cultivador particular o un grupo de viñedos.
**Cono.** Recipiente de gran capacidad para almacenar vino (entre 10.000 y 20.000 litros). Puede ser de hormigón, acero inoxidable o madera.
**Consejo regulador.** Organismo formado por representantes de viticultores y bodegueros de una determinada zona o DO que controlan la calidad y origen de los vinos amparados.
**Corrección.** Rectificación de mostos. Conjunto de operaciones (adición de azúcar disuelto en mosto concentrado, ácido...) para obtener el pH correcto y un grado suficiente de azúcares antes de la fermentación.
**Coteaux.** Significa «ladera de colinas» e indica zonas de viñedos.
**Coupage.** Mezcla de vinos para obtener una calidad determinada. El fin es equilibrar y complementar las cualidades de cada tipo de vino según la variedad de las uvas empleadas, el aroma, la acidez, el contenido alcohólico... para compensar cualidades y defectos.

**Couvée.** El contenido de una cuba. Cuando en Francia se habla de *Premier Couvée* o *Tête de Couvée* se designan vinos de gran calidad.
**Cream.** Vino ajerezado de mezclas.
**Criadera.** Bota o tonel situado en los niveles superiores de las andanas en las bodegas jerezanas.
**Crianza.** Evolución del vino a través del tiempo mediante su permanencia en depósitos, barricas y botellas en condiciones controladas.
**Crianza biológica** (crianza en velo o crianza en flor). Proceso de elaboración de los vinos de Jerez. Las levaduras producen un velo sobre el vino.
**Cru.** Término francés que significa «cultivo». En las etiquetas indica una clasificación de determinado vino, por ejemplo, Grand Cru Classé.
**CVC.** Conjunto de Varias Cosechas, tanto de vinos jóvenes como de crianza
**Damajuana.** Tipo de envase de cristal parecido a la garrafa. Se utiliza en Argentina y su capacidad es de 4,5 a 5 litros.
**Decantación.** Trasvase del vino de la botella a una vasija decantadora para eliminar posos y airearlo.
**Demi-sec.** Se diferencia del semiseco en que está más bien en la línea de lo dulce.
**Denominación de origen (DO).** Sistema español de control de calidad.
**Descube.** Operación de vaciado de la cuba en la que se separan el vino y los hollejos una vez concluida la fermentación.
**Desfangado.** Operación en la vinificación en blanco que consiste en precipitar los sólidos en suspensión por sulfitación o centrifugación.

**Despalillado.** Eliminar de los racimos de uva la parte leñosa o escobajo antes de estrujarlos.
**Diego.** Uva blanca de Canarias.
**DOC.** Sistema italiano de control de calidad.
**Donablanca.** Variedad de uva blanca de Galicia.
**Edafología.** Ciencia que estudia los suelos vegetales.
**Emparrado.** Armazón destinado a sostener una parra.
**Encabezar.** Añadir brandy o alcohol al vino para fijarlo y elevar la graduación alcohólica.
**Encubado.** Momento en que se produce la primera fermentación en la cuba.
**Enología.** Conjunto de conocimientos relativos a la elaboración de los vinos.
**Envero.** Momento en el que el grano de uva engorda y adquiere coloración.
**Escobajo.** Estructura leñosa del racimo (raspón).
**Extracto seco.** Conjunto de sustancias no volátiles disueltas en el vino que contribuyen a dar cuerpo. En algunos vinos forma poso y debe decantarse.
**Femín.** Variedad de uva tinta de Galicia.
**Fenoles.** Compuestos de ácido carbónico presentes en el vino.
**Fermentación.** Proceso de transformación del mosto en vino mediante la intervención de levaduras que convierten los azúcares en alcohol.
**Fermentación maloláctica.** Transformación bacteriana por la cual el ácido málico se transforma en láctico. Se produce en los vinos de más calidad.
**Filoxera.** Insecto microscópico causante de la plaga que asoló los viñedos europeos en el último tercio del siglo XIX.

**Filtración.** Filtrado del vino por medio de máquinas centrifugadoras o de tierras filtrantes. Sirve para clarificarlo.
**Flor.** Capa de levaduras que cubre la superficie de los vinos finos de Jerez y Montilla durante su crianza y que los aísla del aire.
**Fondillón.** Vino rancio tradicional de Alicante.
**Foránea.** Cepa implantada en determinada región que es originaria de otras latitudes.
**Frasca.** Botella típica donde se sirve el vino en las tabernas.
**Fructosa.** Azúcar de la uva.
**Garnacha.** La variedad de uva más cultivada en España.
**Garrafa.** Recipiente de vidrio protegido con una capacidad entre 2 y 16 litros.
**Garrafón.** Vinos o licores de calidad discutible.
**Gasificado.** Vino con gas incorporado de forma artificial.
**Glicerina.** Alcohol originado en la fermentación alcohólica. Es uno de los componentes básicos de la estructura del vino. Dota a los vinos de suavidad.
**Glucosa.** Azúcar que abunda en la uva.
**Godello.** Uva blanca tradicional del noroeste de España.
**Graciano.** Uva tinta abundante en la ribera del Ebro.
**Grados Baumé.** Unidad de medición del azúcar en mosto.
**Gran Reserva.** Vino de calidad envejecido que ha permanecido al menos dos años en barrica y otros tres en botella.
**Granvás.** Vino espumoso natural cuya segunda fermentación se produce en depósitos metálicos (Méthode Charmant, Cuvé Close).
**Heces.** Sedimentos que se forman en el fondo de los recipientes donde fermenta el vino.

**Holandas.** Destilados de vinos utilizados para la elaboración de brandies.

**Hollejo.** Piel de los granos de uva.

**Hondabarri.** Variedad de uva de la zona del Txacolí.

**Hotte.** Cesto tradicional en Francia para la recolección de los racimos en la vendimia.

**Juan Ibáñez.** Variedad de uva tinta de la zona de Cariñena.

**Lagar.** Bodega donde se estruja y prensa la uva y donde fermenta el vino.

**Levaduras.** Hongos microscópicos causantes de la fermentación.

**Lías.** Sustancias sólidas acumuladas en los depósitos tras la fermentación.

**Listán.** Variedad de uva.

**Loureira.** Uva autóctona de Galicia.

**Macabeo.** Uva blanca. Interviene en la elaboración del cava.

**Maceración.** Proceso químico que se produce por contacto del mosto con los hollejos y en el que obtiene color, taninos y extractos.

**Maceración carbónica.** Sistema de elaboración tradicional en algunas zonas como la Rioja alavesa. Los granos de uva se dejan fermentar enteros. Produce vinos jóvenes y aromáticos.

**Madres.** Lías.

**Majuelo.** Cepa recién plantada. Por extensión, el terreno en que se han plantado viñas nuevas.

**Malbec.** Uva tinta de origen bordelés.

**Málico.** Ácido natural de la uva presente en el mosto y, a veces, en el vino. Da un sabor duro y un aroma a manzanas verdes.

**Malvar.** Uva blanca autóctona de la región de Madrid.
**Malvasía.** Variedad de uva de origen helénico.
**Manto negro.** Variedad de uva tinta autóctona de Mallorca.
**Mazuela.** Cariñena.
**Mencía.** Variedad de uva tinta del noroeste de España.
**Merlot.** Uva tinta originaria de Burdeos.
**Merseguera.** Uva blanca principal en Valencia.
**Mildiu.** Hongo microscópico que ataca las cepas. Se combate con sulfato de cobre y cal viva.
**Mistela.** Vino básico muy dulce que se obtiene mediante la adición de alcohol vínico al mosto sin fermentar.
**Monastrell.** Uva tinta del Levante español y Cataluña.
**Mondvarietal.** Vino obtenido con el mosto de una sola variedad de uva.
**Montía.** Uva tinta abundante en Extremadura.
**Moravia.** Uva tinta de La Mancha.
**Moristell.** Variedad tinta tradicional en el Somontano.
**Morrión.** Artilugio que sujeta el tapón de un vino espumoso.
**Mosto.** Jugo obtenido de las uvas antes de iniciar la fermentación. El mosto flor es el extraído sin presión.
**Muscat.** Uva blanca muy extendida en Europa.
**Negra común.** Uva tinta de las Islas Canarias.
**Negramoll.** Uva tinta de las Islas Canarias.
**Orujo.** Conjunto de residuos de la uva sin fermentar. De su destilación, una vez fermentan, se puede obtener el aguardiente de orujo.
**Oxidación.** Reacción química producida por el oxígeno que, cuando se controla estrictamente, mejora el vino sometido a crianza.

**Pajarete.** Vino generoso ligero y semidulce que se produce en la zona de Málaga (16º).
**Palomino.** Uva blanca originaria de Jerez.
**Pardillo.** Uva blanca cultivada en Extremadura.
**Parellada.** Uva blanca autóctona de Cataluña.
**Parreleta.** Uva tinta del Somontano.
**Pasero.** Lugar en el que se deposita la uva destinada a la pasificación.
**Pasificación.** Proceso de elaboración de las pasas.
**Pasteurización.** Esterilización del vino por calor.
**Pasto.** Vino de la tierra a granel.
**Pellejo.** Piel de animal preparada para servir de envase al vino o al aceite. Transmitía sabores desagradables a cuero y resinas.
**Petillant.** Término francés que designa una ligera espumosidad que caracteriza ciertos vinos blancos y que les da un mayor realce.
**PH.** Escala de 1 a 14 de la acidez o alcalinidad de los cuerpos. En los vinos oscila entre 2,5 y 4.
**Pietro-picudo.** Variedad de uva tinta autóctona de León.
**Pinot Noir.** Uva tinta de Borgoña.
**Pipa.** Cuba o tonel de madera tradicional en Cataluña y Portugal. Capacidad de 486 litros.
**Pitarra.** Vino característico de Córdoba y Extremadura.
**Poda.** Operación de cortado de los sarmientos.
**Portainjertos.** Pie de viña americano sobre el que se injerta la cepa para hacerla inmune a la filoxera.
**Prensa.** Maquinaria para el prensado de la uva.
**Pulgar.** Parte del sarmiento con varias yemas que queda en la cepa tras la poda.

**Quiebra.** Enfermedad del vino que consiste en un cambio de color.

**Rama.** Vino nuevo aún sin filtrar.

**Rancio.** Vino trasañejo con un aroma y sabor característicos. Es licoroso, oxidado y seco.

**Raspón.** Raspa que queda del racimo después de quitar los granos de uva.

**Raya.** Vino oloroso.

**Rectificación.** Corrección.

**Redondeado.** Pérdida de acidez y taninos del vino debido al envejecimiento.

**Reducción.** Reacción química, opuesta a la oxidación, por la cual el vino concentra su aroma

**Reserva.** Vino que envejece al menos dos años en barrica y un año en botella.

**Riesling.** Variedad de uva blanca originaria del Rhin.

**Rima.** Forma de colocar las botellas, sobre todo en el caso de los espumosos. Se apilan unas encima de otras de forma horizontal.

**Roble.** Madera noble empleada en la crianza de vinos de calidad.

**Sacarosa.** Azúcar presente, en pequeñas proporciones, en la uva.

***Saccharomyces*** (*S. cerevisiae*). Variedad de levadura que se utiliza para la fermentación de los mostos de uva.

**Sales.** Sustancias básicas del mosto.

**Samsó.** Variedad de uva tinta del Penedès.

**Sarmiento.** Tallo de la vid.

**Seco.** Con escaso azúcar residual. Un vino se considera seco cuando contiene menos de 5 g/litro de azúcar.

**Semidulce.** Cuando la proporción de azúcar del vino oscila entre 30 y 50 g/litro.
**Semillón.** Variedad de uva tinta bordelesa.
**Semiseco.** Vino que tiene entre 15 y 30 g/litro de azúcar.
**Solera.** 1) Línea de barricas asentadas junto al suelo en el sistema de crianza jerezano. 2) Vino de solera. 3) Madre del vino.
**Sombrero.** Orujos flotantes en el vino que fermenta.
**Somelier o sumiller**. Responsable de la bodega y del servicio del vino en un restaurante.
**Sousón.** Variedad de uva tinta de Galicia.
**Sulfuroso.** Anhídrido sulfuroso. Compuesto químico con virtudes conservantes del vino. Se puede añadir en proporciones muy pequeñas. La operación se llama sulfitado.
**Tempranillo.** Uva tinta de gran calidad.
**Termovinificación.** Técnica para obtener el vino que utiliza el tratamiento térmico de los mostos antes de la fermentación.
**Terruño.** Zona donde crece un viñedo. Se entiende por terruño el conjunto del suelo y el clima específicos de esa zona.
**Tierno.** Vino sin hacer.
**Tinta de Toro.** Variedad de uva tradicional de Toro.
**Tintorera.** Uvas que tienen pigmentación en la pulpa además del hollejo (Garnacha Tintorera, Alicante Bouché...).
**Tipificado.** Vino que mantiene constantes sus características de una cosecha a otra, de forma que ofrece siempre el mismo color, aroma y sabor. Es habitual en los generosos de Jerez.

**Trasañejo.** Vino con más de dos años de crianza.

**Trasiego.** 1) Faena bodeguera consistente en el trasvase de los vinos de unas vasijas a otras. 2) Acción de separar del vino las materias sólidas en la fermentación o en las etapas de crianza.

**Treixadura.** Variedad de uva blanca de Galicia.

**Variedad.** Vidueño, uva.

**Vendimia.** Recolección de los racimos de la vid.

**Verdejo.** Uva blanca tradicional de Castilla.

**Vino de prensa.** Es el obtenido por un segundo prensado de los orujos.

**Vintage.** Vino procedente de una sola cosecha, normalmente excepcional.

**Viura.** Macabeo. Variedad de uva blanca.

**Xarel.lo.** Uva blanca de Cataluña.

# ÍNDICE

1. Historia del vino ..... 7

2. De la viña a la mesa ..... 9
El clima y el suelo ..... 9
Variedades de uva autóctonas ..... 11
Variedades de uva cosmopolitas ..... 13
La vendimia ..... 15
Operaciones básicas ..... 16
Etapa fermentativa ..... 18
Vinificación en tinto ..... 20
Vinificación en rosado ..... 22
Vinificación en blanco ..... 24
Crianza y envejecimiento ..... 26
Envasado ..... 28
El cierre ..... 30
Etiquetaje ..... 33
Clasificación de vinos ..... 34
Denominaciones de Origen en España ..... 36

3. Ritual del vino ........................................ 40
El buen vino ........................................ 40
La propia bodega ........................................ 42
Selección de los vinos ........................................ 43
Dónde comprar vinos ........................................ 47
Selección de las copas ........................................ 50
Descorche, decantación y servicio ........................................ 54
La cata ........................................ 56
Diccionario de la cata ........................................ 61

4. Vino y gastronomía ........................................ 71
Armonía entre vino y comida ........................................ 71
Alianzas entre vinos y platos ........................................ 73
La temperatura ........................................ 75

5. El vino en la cocina ........................................ 77
Primeros platos ........................................ 77
Carnes ........................................ 79
Pescados ........................................ 82
El vino en la repostería: galletas y pastas ........................................ 84
El vino en la repostería:
bizcochos y postres tradicionales ........................................ 85
El vino en el restaurante ........................................ 87
Vino y salud ........................................ 88

6. El cava ........................................ 91
Historia del cava ........................................ 91
Elaboración del cava ........................................ 93
Tipos de cava ........................................ 95
Servir el cava ........................................ 97

Cócteles con cava ........................................................ 99
Postres helados con cava ........................................... 102
Las frutas y el cava ...................................................... 103

7. DENOMINACIONES DE ORIGEN
EN ESPAÑA: ANDALUCÍA ........................................... 106
Condado de Huelva ........................................................ 106
Jerez-Xéres-Sherry y
Manzanilla-Sanlúcar de Barrameda .................... 108
Málaga ........................................................................ 110
Montilla-Moriles ........................................................ 111

8. DENOMINACIONES DE ORIGEN
EN ESPAÑA: ARAGÓN ................................................ 114
Calatayud ...................................................................... 114
Campo de Borja ........................................................ 116
Cariñena ...................................................................... 117
Somontano .................................................................. 119

9. DENOMINACIONES DE ORIGEN
EN ESPAÑA: BALEARES ............................................. 121
Binissalem .................................................................... 121

10. DENOMINACIONES DE ORIGEN
EN ESPAÑA: CANARIAS ............................................. 123
Tacoronte-Acentejo .................................................... 123

11. DENOMINACIONES DE ORIGEN
EN ESPAÑA: CASTILLA-LA MANCHA ...................... 125
Almansa ........................................................................ 125

La Mancha .......... 127
Méntrida .......... 128
Valdepeñas .......... 130

12. Denominaciones de origen
en España: Castilla y León .......... 132
Bierzo .......... 132
Cigales .......... 134
Ribera del Duero .......... 135
Rueda .......... 137
Toro .......... 138

13. Denominaciones de origen
en España: Cataluña .......... 141
Alella .......... 141
Empordà-Costa Brava .......... 143
Conca de Barberà .......... 144
Costers del Segre .......... 146
Penedès .......... 147
Priorat .......... 149
Tarragona .......... 151
Terra Alta .......... 152

14. Denominaciones de origen
en España: Galicia .......... 155
Rias Baixas .......... 155
Ribeiro .......... 157
Ribeira Sacra .......... 158
Valdeorras .......... 160

15. Denominaciones de origen
en España: Madrid ........................................ 163
Vinos de Madrid ........................................ 163

16. Denominaciones de origen
en España: Murcia ........................................ 166
Jumilla ........................................ 166
Yecla ........................................ 168

17. Denominaciones de origen
en España: Navarra ........................................ 170
Navarra ........................................ 170

18. Denominaciones de origen
en España: La Rioja ........................................ 173
Rioja ........................................ 173

19. Denominaciones de origen
en España: País Vasco ........................................ 176
Txacolí ........................................ 176

20. Denominaciones de origen
en España: Comunidad Valenciana ........................................ 178
Alicante ........................................ 178
Utiel-Requena. Valencia ........................................ 180

21. Vinos del mundo ........................................ 182
Vinos de Francia ........................................ 182
Vinos dc Alemania ........................................ 187
Vinos de Italia ........................................ 188

Vinos de América ........................................................ 190
Vinos de otras zonas mundiales ................................ 201
Vinos fortalecidos ...................................................... 203

22. Licores ................................................................ 206
Licores de España ...................................................... 206
Licores europeos ........................................................ 207
Otros licores .............................................................. 210

23. Prepare sus propios vinos y licores ................ 212
Utensilios y procedimientos ...................................... 212
Ingredientes ................................................................ 214
Vinos caseros .............................................................. 216
Ratafías ........................................................................ 218
Licores caseros ............................................................ 220

24. Licores y postres ................................................ 224
Mousses y postres con bizcochos ............................ 224
Postres con frutas ...................................................... 226
Helados y sorbetes .................................................... 228

25. Vino, pasado y futuro ........................................ 231
El vino en la literatura .............................................. 231
El vino en Internet ...................................................... 233

Glosario ...................................................................... 235

Akesson.

46 417 19716